KB193803

불교의 낙원을 그리다

운주사 천불천탑의 미학

불교의 낙원을 그리다

운주사 천불천탑의 미학

펴낸날 2024년 4월 30일

지은이 홍석경
펴낸이 이순옥
펴낸곳 도서출판 문화의힘
등록 364-0000117
주소 대전광역시 동구 대전천북로 30-2(1층)
전화 042-633-6537
전송 0505-489-6537

ISBN 979-11-986387-1-7
ⓒ 홍석경 2024
저자와 협의로 인지는 생략합니다.
*잘못된 책은 구입처에서 교환해드립니다.

|값 16,000원|

불교의 낙원을 그리다

운주사 천불천탑의 미학

홍 석 경

도서출판 **문화의힘**

천불천탑은 사찰이 아닌 아미타정토였다

1980년대 초 소설 「장길산」의 마지막 무대로 등장하면서 비로소 세상 사람들의 관심을 끌기 시작한 운주사 천불천탑은 그 규모에 비해서 건립과 관련된 어떤 역사기록도 남기질 않아 신비에 싸인 곳이다. 지난 30여 년간 여러 학자들이 천불천탑에 얽힌 수많은 수수께끼를 풀기 위해 많은 노력을 기울였지만 누가, 언제, 무슨 목적으로 이 엄청난 불사를 일으켰는지 명쾌하게 밝혀내지 못하였다. 이뿐만 아니라 천불천탑 조성의 배경사상, 개별 조형물의 상징성과 용도, 그리고 석탑의 탑신에 새겨진 기하문양의 의미에 대해서도 크게 공감할 만한 해석은 아직까지 눈에 띄지 않는다. 그래서인지 수십 년의 연구가 무색하게 천불천탑에는 여전히 '수수께끼' 또는 '불가사의'란 단어가 늘 뒤에 따라붙는다.

역사기록이 없어서 섣불리 판단할 수 없지만 천불천탑의 건립 시기는 석탑의 시대별 양식이나 운주사지 발굴 결과로 대략이나마 특정할 수 있다. 이에 의하면, 천불천탑은 도선국사가 활동했던 후대 신라가 아닌 고려시대 유물이라는 견해가 우세하다. 그러나 고려 왕국이 무려 500년 가까이 지속되었기 때문에 고려시대라는 견해도 11세기 고려 초부터 12-13세기 고려 중기, 13세기말 원나라 간섭기까지 시대의 스펙트럼이 대단히 넓다.

천불천탑 공간에 조성된 다양한 형태의 많은 불상에 대해서도 이름이 제대로 밝혀진 것이 하나도 없다. 불상의 명칭은 대개 수인(손동작)으로 구별하는데 천불천탑 공간에 조성된 불상은 수인을 대충 표현해 놓은 탓도 있지만 보다 근본적으로는 천불천탑의 조성원리, 즉 조성의 사상적 배경이나 조성 목적을 밝혀내지 못한 탓이 더 크다.

　역사성이나 시대정신과 무관하게 순전히 예술성만으로 천불천탑 조형물을 평가한다면 그다지 높은 점수를 받지는 못하는 것 같다. 그것은 고려 이전 후대 신라 때 건축된 불교유적(예를 들면, 불국사나 석굴암)과 비교하면 조각 솜씨가 매우 투박하고 정교하지 못하기 때문이다. 다만 다른 사찰에는 없고 오직 화순 운주사 천불천탑 공간에서만 볼 수 있는 특이한 조형물 세 개가 보물로 지정되었는데, 이것은 아마도 천불천탑을 유네스코 세계유산으로 등재하기 위한 준비작업 덕분이었던 것 같다. 보물로 지정된 세 개의 조형물은 신비한 기하문양이 새겨진 구층석탑, 오직 천불천탑에만 존재할 뿐만 아니라 우리나라에서 가장 커다란 야외 석조불감과 쌍배불상, 그리고 관람객들이 호떡탑으로 부르는 원형다층석탑이다. 하지만 보물로 지정된 세 조형물조차 그 상징성이나 용도에 대해서 머리를 끄덕일 만큼 공감이 가는 해석은 아직까지 없다.

　어쨌든 우리 불교미술사에서 손꼽히는 수수께끼인 천불천탑의 비밀을 풀어내고자 했던 전남대 박물관과 화순군의 오랜 노력에 문화재청의 적극적인 지원이 더해지면서 천불천탑은 2017년 3월에 '화순 운주사 석불석탑군'이란 명칭으로 유네스코 세계유산 후보로 등록되었다. 후보로 등록되면 1년 후부터 정식 심사를 청구할 수 있고 심사를 통해 세계유산 등록여부가 결정된다고 한다. 문화재청이 제시한 운주사 석불석탑군의 세계유산적 가치(OUV: Outstanding Universal Value)는 다음과 같다. "운주사의 탁월한 유산적 가치는 대형 석불과 다불, 그리고 많은 탑과 칠성석 등을 통해 구현된다. 이들 유산의 독특한 양식과 표현을 통해 운주사는 불교, 밀교, 도교, 천문학 등 다양한 문화적, 종교적 교류의 결정체임을 알 수 있다. 이러한 교류의 흔적을 한 장소에서 동시에 발견할 수 있는 유적이 흔하지 않다는 점에서 매우 탁월한 가치를 지니고 있다." 이 긴 문장을 짧은 하나의 문장으로 줄여서 표현한다면, '운주사는 다종교 복합단지'라는 것이다. 지구상에서 여러 종교시설이 한 장소에 공존하는 지역은 예루살렘이 널리 알려져 있다. 그렇다면 운주사는 한반도형 예루살렘이란 말인가? '운주사 다종교 복합단지설'이 설득력을 얻으려면 불교, 밀교, 도교 및 고대 별자리 신앙을 믿었던 사람들은 누구이며 이들은 언제 각자 자신의 종교적 조형물을 세웠고, 여러 종교 사이에 이루어졌다는 교류는 언제, 어떤 방식으로 진행되었는지 구체적으로 밝혀내야 할 것이다. 그런데 과연 그런 일이 실제로 벌어지기는 했던 걸까?

필자는 오랫동안 재미 삼아 고려청자 칠보무늬의 기원에 관한 연구를 하였는데 이 문양의 기원은 고대 그리스·로마의 십자형 꽃잎 문양이라는 결론에 도달하고 있었다. 그래서 필자의 주장을 뒷받침할 수 있는 추가 증거를 찾기 위해 구글 검색을 하던 중에 우연히 천불천탑의 X꼴 및 ◇꼴 기하문양이 눈에 띄었다. 이 문양은 한자를 뜻풀이할 때 글자를 파자(破字)하면 아주 쉽게 이해되듯이(예를 들면, 男=田+力) 칠보무늬를 분해하여 얻을 수 있는 최소 단위의 문양으로 보였다.

따라서 당연히 칠보무늬와 마찬가지로 북인도-서역-중국을 거쳐 한반도(고려)로 전달된 문양일 것이라는 직감이 들었다. 그래서 북인도의 초기불교 유물과 서역의 석굴 벽화, 중국의 남북조 및 수당 시대 불상을 조사하기 시작했는데 예상했던 대로 아주 많은 불교 유물과 석굴 벽화에서 X꼴 및 ◇꼴 기하문양이 발견되었다. 지금까지 관련 학계에서 티베트, 몽골 혹은 인도의 전통문양에서 유래된 것이라 주장했던 천불천탑의 X꼴 및 ◇꼴 기하문양은 북인도와 서역의 불교가 동아시아로 전달될 때 함께 전달되어 오랫동안 널리 사용된 불교미술의 전통문양이었던 것이다.

재미 삼아 처음 도전했던 천불천탑 기하문양 수수께끼를 큰 어려움 없이 풀어내자 자신감이 생겨서 또 다른 수수께끼에 도전하고 싶은 마음이 일어났다. 처음부터 천불천탑의 10가지 수수께끼를 모두 풀겠다는 생각은 전혀 없었는데 이것까지만 풀어보자며 하나 둘씩 풀어나가다 보니 어느 새 10가지 수수께끼를 모두 푸는 놀라운 경험을 하였다.

약 3개월간 천불천탑 수수께끼를 푸는데 집중하니 원형다층석탑, 석조불감, 쌍배불상, 부부와불, 칠성석, 석불군 (가)-(바), 마애석불좌상, 발형다층석탑의 상징성을 완벽하게 해석할 수 있었다. 천불천탑 수수께끼 풀기에 도전하면서 가장 뜨거운 감동을 느꼈을 때는 천불천탑이 14세기 초에 제작된

고려 관경16관변상도를 설계도 삼아서 운주골 대자연에 조성한 아미타정토
라는 것을 알아차렸을 때다. 정말 놀랍게도 천불천탑은 고려의 정토왕생 신
앙이 절정에 달했던 14세기 초에 백련사 스님들이 운주골에 조성한 아미타
불의 극락정토(관경16관변상도)였다. 천불천탑은 지금까지 세상에 널리 알려
진 것처럼 고려시대 사찰이나 천문 유적이 아니었던 것이다.

천불천탑의 10가지 수수께끼를 완벽하게 풀이한 이 책은 다음과 같이 전
체 5장으로 구성되어 있다.

제1장: 천불천탑에 얽힌 전설, 수수께끼 및 이 수수께끼를 풀이한 기존의
주장을 간략히 소개하였다.

제2장: 필자가 밝혀낸 천불천탑의 실체는 현재 관련 학계에서 주장하는
불교, 밀교, 도교의 사찰이나 천문 유적이 아닌 아미타불의 서방극락정토였
다. 아미타불의 극락정토의 종류와 구조, 정토왕생 방법은 《관무량수경》에
자세히 서술되어 있으며 이것을 그림으로 나타낸 것이 〈관경16관변상도〉이
다. 천불천탑의 실체를 정확히 파악하려면 《관경》의 내용 및 〈관경16관변상
도〉의 구성과 도상에 대한 이해가 필요하기 때문에 경전과 그림의 핵심을 간
추려 해설하였다.

제3장: 천불천탑 공간에 설치된 거의 모든 조형물(석탑, 석불, 석인상, 극락 장
엄물)의 상징성과 용도를 고려 관경16관변상도의 도상으로 풀이하였다.

제4장: 천불천탑의 탑신과 옥개석에 새겨진 기하문양의 상징성을 풀이하
였다. 천불천탑에 새겨진 모든 기하문양은 붓다로드인 북인도-서역-중국을

거쳐 한반도에 들어온 것으로 불교미술에서 천년 이상 사용했던 장식문양이다. 우리나라에서 천불천탑 공간의 방형석탑에서만 기하문양, 즉 불교미술의 장식문양이 발견되는 이유는 천불천탑이 사찰이 아니라 3차원 불화(관경16관변상도)이기 때문이다.

제5장: 13-14세기 고려의 정치·사회·종교 상황을 종합적으로 판단하여 천불천탑의 조성시기, 조성주체, 조성목적, 조성의 사상적 배경을 추론하였다. 또한 필자의 주장에 입각하여 천불천탑의 탁월성과 보편가치(OUV)를 새롭게 구명(究明)해 보았다.

이 책을 읽고 나면, 천불천탑이 동아시아 정토신앙과 정토예술의 최고봉이라는 것을 알게 될 것이다. 천불천탑은 공간 전체가 하나의 거대한 불화, 즉 세계 최대, 세계 유일 3차원 관경16관변상도이기 때문에 10만 제곱미터 공간 전체를 국보로 지정해야 한다. 아무쪼록 운주사 천불천탑을 좋아하는 많은 분들이 이 책을 읽고 천불천탑의 진면목을 새롭게 발견하길 바라는 마음이 가득하다.

끝으로, 지난 겨울 내내 천불천탑의 상징성에 관한 필자의 해석을 귀담아 듣고 조언과 응원을 아끼지 않은 아내 혜경에게 감사한다.

2024년 봄날에
청계산인 홍석경

제4장 불교미술의 장식문양과 천불천탑

제5장 고려 불교의 정토신앙이 빚어낸 천불천탑

제1장

한국불교미술사의 영원한
수수께끼, 천불천탑

드디어 풀린 천불천탑 수수께끼
운주사 천불천탑에 얽힌 수수께끼

드디어 풀린 천불천탑 수수께끼

    천국이나 극락을 묘사한 그림 가운데 세상에서 가장 큰 그림은 무엇일까? 누가 이런 질문을 던진다면 대개는 이태리 베네치아에 있는 두칼레 궁전의 벽화라고 답하곤 한다. '천국(Paradiso)'이란 이름의 이 벽화는 르네상스 말기의 이태리 화가였던 틴토레토가 캔버스에 그린 유화로, 베네치아 공국의 최고지도자인 도제(Doge)의 두칼레 궁전에 자리한 대회의실 한쪽 벽 전체를 차지하고 있다. 천국 그림의 주제는 성모대관식(the Coronation of the Virgin)이며, 대관식을 주관하는 이는 예수 그리스도이다. 천상의 세계, 즉 천국이란 주제의 그림은 기독교 미술이 처음 시작된 비잔티움 제국(CE 330-1453)의 교회에서도 즐겨 다룬 주제였다. 비잔티움 미술가는 천상계를 상징하는 교회의 돔 공간을 크게 삼 분할하여 맨 꼭대기 중앙에는 천계의 왕, 예수 그리스도를 두고, 중간에는 열두 제자 또는 대천사(가브리엘, 미카엘)를 배치하고, 맨 아랫부분에는 순교자나 성인을 그려 넣었다. 즉, 비잔티움 미술가가 상상한 천상계는 지상계와 비슷한 계층구조(hierarchy)를 갖고 있었다.

    틴토레토 역시 천국 그림을 그릴 때 전통 기독교 미술의 구도를 따랐다. 그는 화면을 완만한 원호로 삼분할하고 맨 위에는 성모 마리아의 대관식을 대천사(가브리엘, 미카엘)가 축복하는 장면으로 채웠고, 그 바로 아래에는 사복음서의 저자인 마가, 누가, 마태, 요한을 그들의 상징물(사자, 황소,

그림 1. 세계 최대 크기의 유화로 알려진 틴토레토의 천국 그림의 주제는 성모대관식이다. (1592년, 이태리 베네치아)

천사, 독수리) 및 수많은 천사와 함께 배치하였으며, 하단과 주변에는 수많은 성인과 순교자뿐만 아니라 성경 속의 인물과 심지어 교황도 그려 넣었다. 단과 단의 경계는 몽실몽실한 뭉게구름으로 채워 천사들이 하늘을 날아다니는 광경이 자연스럽게 보이면서 천국의 장엄함이 느껴지도록 하였다. 그림의 크기는 자그마치 가로×세로=22m×7m(154㎡)이고 등장인물만 무려 500명이 넘는다고 한다.

　아시아에서는 이것보다 크기가 훨씬 작지만 불교의 극락세계를 그린 둔황 막고굴의 정토3부경(아미타경, 무량수경, 관무량수경) 변상도를 꼽을 수 있을 것 같다. 막고굴에는 서방 극락정토를 그린 변상도가 무려 154점이나 있는데, 대표적인 그림이 막고굴에서 가장 아름다운 보살상이 있는 제45굴의 관경변상도이다. 불교의 구원관과 내세관이 담겨있는 관무량수경(대승불교의 경전)의 내용을 그림으로 나타낸 것이 관경변상도이다. 이 벽화는 중

그림 2. 둔황 막고굴(제45굴)의 관경변상도의 주제는 아미타불의 서방 극락정토이다. (8세기, 중국 당제국)

국의 당 제국이 최전성기를 누렸던 성당시대(705-781년)에 그린 정토화로 가로×세로=4.72m×2.9m(13.7㎡)인 대작이다.

그런데 이 두 그림은 세상에서 가장 큰 천국화 또는 극락정토화가 아니다. 왜냐하면 필자가 알고 있는 세상에서 가장 큰 극락정토화의 면적은 자그마치 10만 ㎡(3만평)으로, 축구장 14개를 합친 면적만큼이나 크기 때문이다. 이 정토화는 틴토레토가 그린 천국 그림의 600배나 되고, 둔황 막고굴에 그린 관경변상도의 7300배가 되기 때문에 한눈에 그림이 다 들어오지 않는다. 그래서 화면을 네 조각으로 나누어 한 조각씩 들여다본다 해도 시야에 담아내기가 어렵다. 상상하기 힘들 정도로 엄청난 크기를 뽐낼 뿐만 아니라 나이도 700살이나 된 세계 최대 극락화가 우리나라에 있다고 주장한다면 과연 내 말을 믿을 사람이 몇 사람이나 될까? 당연히 단 한 사람도 없을 것이다. 그런데도 지금부터 이 믿기 힘든 이야기, 둔황 막고굴의 극락정토화 154점을 다 합하고 여기에 틴토레토의 천국화까지 더해서 보쌈 싸듯 가뿐히 담아낼 수 있는 우리네 극락정토화 이야기를 시작해보려 한다. 독자들은 이 책의 해설을 따라가면서 우리나라에 있는 세계 최대 극락정토화를 감상해보자.

운주사 천불천탑에 얽힌 수수께끼

  '구름이 머무는 절'이라는 뜻을 지니고 있는 전남 화순의 운주사(雲住寺) 일대에는 150-200 m 높이의 나지막한 세 개의 산이 만나 이루는 펑퍼짐한 계곡과 산허리를 따라서 수많은 석탑과 석불이 무리 지어 배치되어 있다. 이러한 배치 형식은 불상을 모신 금당 앞에 석탑을 한 개 또는 두 개를 배치하는 우리네 전통 가람의 배치 구조와 확연히 다를 뿐만 아니라, 석탑

그림 3. 전남 화순의 운주사 일대에는 나지막한 세 개의 산이 만나 이루는 펑퍼짐한 계곡과 산허리를 따라 수많은 석탑과 석불이 배치되어 있다. (국립중앙박물관 소장 유리건판 사진, 1919년 촬영)

의 생김새도 전형적인 사각형 석탑 이외에 다른 사찰에서는 결코 볼 수 없는 원반형과 구형 석탑도 있는 데다 사각형 석탑의 몸체에는 뜻을 해석할 수 없는 희한한 기하문양도 새겨져 있어 신비감을 불러일으킨다.

운주사 창건에 관한 역사기록이 남아있지 않아 천불천탑을 누가, 언제, 무슨 목적으로 세웠는지는 아직까지 명쾌하게 밝혀지지 않았다. 다만 창건에 관한 다양한 설화가 전해져 내려오는데, 이 가운데 신라 말 승려였던 도선국사(생몰: 827-898년)의 천불천탑 창건설이 가장 유명하다. 그런데 여기에도 몇 가지 전승이 있다. 그 가운데 하나가 비보설인데, 비보란 풍수지리적으로 취약한 곳을 인공적으로 보강함으로써 미래에 혹시 닥쳐올 재앙을 미리 막는 행위를 말한다. 이 설에 의하면, 도선국사가 한반도를 배의 형상으로 보고 산맥이 많은 동쪽에 비해 평야지대인 이곳이 무게가 가볍기 때문에 배가 뒤집어질 운세라 무게중심을 맞추기 위해 운주사에 천불천탑을 세웠다고 한다. 또 다른 전승으로, 도선국사가 천계에 사는 석공의 도움을 받아 하룻밤 사이에 천불천탑을 세우고자 했는데 밤샘 일에 지친 스님의 상좌가 새벽녘에 닭 우는 소리를 내자 석공들이 마지막 남은 와불 세우기를 중단하고 하늘로 올라갔다고 한다.

운주사에 대한 가장 이른 시기의 기록은 1530년에 증보판으로 발간된 《신증동국여지승람》으로, "운주사는 천불산에 있는데 절의 좌우 산허리에 석불석탑이 각 1천 개씩 있으며 또 석실이 있어 두 석불이 등을 마주 대하고 앉아있다"라고 적혀 있다. 그러나 이것은 운주사의 창건 기록이 아니라 단지 천불천탑의 현황 기록일 뿐이다. 현재 천불천탑 공간에는 온전한 상태로 보존된 석탑 18기와 석불 57구가 있다. 이 숫자는 천불천탑 전설에는 훨씬 못 미치지만 여기저기 흩어져 있는 수많은 석재와 석불 파편을 감안한다면, 조성 당시에는 천불천탑까지는 아니더라도 지금보다 훨씬 더 많

그림 4. 천불천탑 공간의 중앙에 자리 잡은 석조불감, 쌍배불상 및 원형다층석탑을 필자가 재미 삼아 찰흙으로 만들었다.

은 석탑과 석불이 있었을 것으로 짐작된다. 조선 중기 이후 오랫동안 폐사되었던 운주사는 1974-84년에 한국일보에 연재된 황석영의 역사소설 「장길산」의 마지막 무대로 등장하면서 비로소 세상 사람들에게 널리 알려졌다. 이후 30여 년간 역사학계와 미술사학계는 운주사와 천불천탑에 얽힌 수수께끼를 풀어내려 애를 썼다.

운주사 천불천탑에 관한 최근 연구성과

운주사에 대한 새로운 사실이 밝혀진 것은 6년(1984-1989년)에 걸쳐 4차례 이루어진 전남대 박물관의 발굴조사 덕분이었다. 조사 결과에 따르면, 운주사는 신라 말 승려였던 도선국사의 창건설화와 달리 고려 초인 11세기 초에 창건되어 고려 중기에서 말기까지 매우 번창하다가 조선 중기의 정유재란 무렵 불타서 폐사된 것으로 짐작되고 있다.

전남대의 발굴성과로 탄생에서 죽음까지 운주사의 이력을 알아낼 수 있었다. 그러나 신비롭기 짝이 없는 천불천탑을 누가, 언제, 무슨 목적으로 조성했으며, 수많은 석불석탑을 현재와 같이 배치한 배경 사상은 무엇이고, 석탑의 탑신을 장식한 여러 기하문양의 상징성은 무엇인지는 여전히 풀리지 않은 수수께끼로 남아있다. 미스터리한 운주사 천불천탑의 몇 가지 조형 특징에 대해서 우리나라 역사학계, 고미술사학계 또는 개인 연구자가 풀어낸 주장을 요약하여 〈표 1〉에 보였다.

〈표 1〉 천불천탑의 몇 가지 조형 특징 및 이를 풀이한 주장들

번호	조형 특징	주장
1	다탑봉 계곡과 산허리에 아주 많은 석탑과 석불이 흩어진 듯 몇 군데에 밀집해 있고, 석탑 근처에는 석불이 꼭 있다.	천불천탑은 전통사찰의 구조(1탑1금당)와 크게 다르다. 그러나 석탑 근처에 석불좌상이 있는 배치구도를 전통사찰의 1탑1금당으로 해석한다면, 천불천탑은 야외 법당이었다.
2	운주사 출토 범자문 수막새에 '옴마니반메훔'이 새겨져 있고 범자문 향로편이 발견되었다.	운주사(천불천탑)는 밀교사찰이다.
3	도포자락에 손을 감추고, 가슴 높이로 두 손을 모은 자세의 불상이 많다.	수인으로 볼 때 도교의 도사풍으로 도교 사원이다.
4	천불천탑의 사각형 석탑에는 ╳꼴, ◇꼴, ∨꼴, ⫴꼴 문양이 있다.	기하문양은 티베트 또는 몽골의 전통문양이다.
5	운주사(천불천탑)에만 원반형 석탑과 원구형 석탑이 있다.	운주사 천불천탑은 고려 강진에 진주한 몽골군이 고려 백성을 강제 동원하여 세운 몽골사원이다.

6	서쪽 산허리에 거대한 7개의 원반형 석재가 있다.	북두칠성을 상징하는 칠성바위로 고대 천문 유적이다.
7	서쪽 산허리에 거대 와불이 있다.	와불은 치성광여래신앙의 북극성을 상징한다. 바로 아래 칠성바위와 짝을 이뤄서 별자리 신앙의 성지이다.
8	천불천탑의 불상은 토속적 미륵불을 닮았다.	천민과 노비들이 운주골에 들어와 새 세상을 꿈꾸며 만든 미륵불이며, 서쪽 산허리의 거대 와불은 미쳐 일으켜 세우지 못한 미완의 미륵불이다.
9	석불상의 조형 수준이 조악하고 지방 색채가 강하다.	고려시대 능주(나주) 지방의 호족세력이 후원하여 세운 절이다.
10	남북축 및 동서축을 따라 배치된 석탑을 실선으로 이으면 거대한 범선이 그려진다.	장보고의 추모 유적지이다.

　　여러 연구자들이 제각기 제시한 주장의 문제점은, 어느 특정한 하나의 주장만으로는 10만 ㎡(3만 평)에 달하는 너른 공간의 이곳저곳에 배치된 여러 조형물의 상징성을 일관성을 유지하면서 명쾌하게 풀어낼 수 없다는 데 있다. 예를 들면, 천불천탑이 고대 천문 유적이라거나 별자리 신앙을 믿는 신도들의 기도처였다는 주장으로 칠성바위와 와불의 상징성을 그럭저럭 설명할 수는 있다. 그러나 이 주장으로 풀 수 있는 수수께끼는 이게 전부다. 이것을 제외한 다른 수많은 조형물은 또 다른 주장으로 풀어야 한다. 또한 운주사 천불천탑의 창건 주체나 조성 목적에 관한 몇몇 주장들(예를 들면, 나주지방의 호족세력에 의한 창건설, 고려 강진에 진주한 몽골군에 의한 건립설, 장보고의 추모 유적지설)은 주장의 근거가 매우 부실할 뿐만 아니라 천불천탑의 수많은 수수께끼를 설득력 있게 풀지 못하는 한계가 있다.

천불천탑은 세계유산으로 등재될 수 있을까?

어쨌거나 운주사 천불천탑은 2014년에 전남대와 화순군청이 유네스코 세계유산 등재 추진을 위한 학술대회를 개최하고, 여기서 논의된 내용을 바탕으로 문화재청이 2017년 1월에 '화순 운주사 석불석탑군'이란 명칭으로 유네스코 세계유산 잠정목록 신청서를 제출하여 같은 해 3월에 세계유산 후보로 등재되었다. 세계유산 잠정목록은 세계유산으로서 가치가 있는 문화유산을 충분한 연구를 통해 자료를 축적하여 세계유산으로 정식 등재될 수 있도록 하는 예비목록으로, 잠정목록에 등재된 후 최소 1년이 지나야 세계유산 신청 자격이 주어진다. 그런데 후보로 등재된 지 7년이 지난 오늘까지 정식으로 심사를 시작했다는 소식은 들려오지 않는다. 어찌 된 일일까? 그 이유를 알 길은 없으나, 2014년 개최된 학술대회에서 주제발표를 한 가미니 우제수리아(Gamini Wijesuriya) 박사의 주장에서 약간의 힌트를 얻을 수 있다고 본다. 우제수리아 박사는 당시에 유네스코 산하 국제문화재보존복구연구센터(ICCROM)의 불교유적 전문가라고 한다. 그는 '세계유산 목록 내의 불교유적'을 소개하면서 "화순 운주사 탑군은 미얀마 바간, 중국 소림사 탑림과 유사한 점이 많으며, 세계유산 등재에 필요한 탁월하고 보편적 가치를 찾아내야 한다."라고 주장했다고 한다.

그가 천불천탑과 비슷하다고 언급한 소림사 탑림은 중국의 당나라에서 청나라에 이르는 1천 년에 걸쳐 조성된 전탑 241개가 모여 있는 곳으로 이미 2010년에 세계유산으로 지정되었으며, 미얀마 바간의 불교유적은 11-13세기에 세운 2-3천 개의 거대한 사원과 탑군으로 2019년에 세계유산으로 등재되었다. 이미 세계유산으로 등재된 소림사 탑림과 미얀마 바간의 불교유적보다 규모가 훨씬 작은 천불천탑을 세계유산으로 등재시키는 일은 만만치 않을 것 같다는 생각이 든다. 아무튼 문화재청이 세계유산 잠정목록으로 신청하면서 제시한 운주사 석불석탑군의 세계유산적 가치 (OUV·Outstanding Universal Value)는 다음과 같다.

"운주사의 탁월한 유산적 가치는 대형 석불과 다불, 그리고 많은 탑과 칠성석 등을 통해 구현된다. 이들 유산의 독특한 양식과 표현을 통해 운주사는 불교, 밀교, 도교, 천문학 등 다양한 문화적, 종교적 교류의 결정체임을 알 수 있다. 이러한 교류의 흔적을 한 장소에서 동시에 발견할 수 있는 유적이 흔하지 않다는 점에서 매우 탁월한 가치를 지니고 있다."

그러나 반도체 소자엔지니어로서 오랫동안 과학적 사고훈련을 체계적으로 받은 필자는 이런 글을 읽으면 다음과 같은 의문이 자연스레 떠오른다. 천불천탑이 불교, 밀교, 도교의 사찰이라거나 고대 천문 유적이라는 주장을 100% 사실로 받아들인다고 해도 이곳에서 정말로 서로 다른 종교 집단 사이에 교류가 일어났을까? 교류가 있었다면 언제 어떤 식으로 이루어졌다는 것일까? 하지만 천불천탑이 다종교간 교류의 흔적임을 입증한 연구결과는 아직 없다. 문화재청이 제시한 운주사 석불석탑군의 OUV는 확실하게 검증되지 않은 기존의 여러 주장을 양푼에 담아서 비빔밥 비비듯이 한데 버무린 것으로, 천불천탑을 유네스코 세계유산 후보로 등재시키는 데는 크게 기여했지만 풀어야 할 수수께끼는 고스란히 남아있다고 생각된다.

짙은 안개에 가려진 천불천탑의 10가지 수수께끼

운주사 창건과 관련된 신뢰할 만한 역사기록이 남아 있지 않아서 1984년부터 1989년까지 6년간 이루어진 전남대 박물관의 운주사지 발굴 성과 (창건 시기: 11세기 초, 중창기: 12-13세기, 폐사기: 정유재란 무렵)를 제외하고는 아직까지 학계에서 널리 받아들일만한 유력한 학설은 없는 실정이다. 지난 40여 년간 학계의 쟁점이 된 사안을 정리하면 다음과 같다.

1. 천불천탑=운주사=사찰이라고 말할 수 있나?

2. 천불천탑 조성의 사상적 배경, 조성시기, 조성주체 및 조성목적

3. 서쪽 산등성이에 조성된 부부 와불의 정체

4. 칠성석은 고대 천문학이나 별자리 신앙의 증거인가?

5. 천불천탑은 불교, 밀교 또는 도교의 사찰인가?

6. 천불천탑의 중앙에 자리한 석조불감과 쌍배불상의 정체

7. 북쪽 암벽에 새겨진 마애여래좌상의 정체

8. 원형다층석탑과 구형다층석탑의 상징성과 용도

9. 암벽 아래 조성된 석불군 (가)-(바)의 정체

10. 석탑에 새겨진 기하문양의 상징성, 용도 및 기원

위와 같이 오랫동안 풀리지 않은 천불천탑의 10가지 수수께끼에 대해서 필자의 연구 결과를 바탕으로 명쾌하게 풀어보려고 한다.

그림 5. 운주사 천불천탑 공간에는 수많은 석불과 석탑이 알 수 없는 조형원리에 입각하여 흩어진 듯 모여 있다.

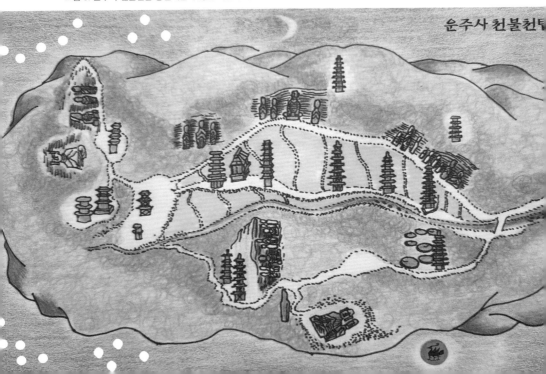

제2장

드디어 천불천탑의
참모습을 발견하다

아미타불의 서방정토
천불천탑

　동서양을 막론하고 종교 건축이나 조형물은 해당 종교의 사상이나 교리를 충실히 반영하여 짓게 마련이다. 중세 말기(12-13세기)에 프랑스에서 탄생한, 보다 정확하게는 바로 직전의 로마네스크 양식으로부터 진화된 고딕 양식의 교회는 기독교의 천국 사상을 더욱 충실히 반영한 건축물이다. 라티움 십자가(Latin cross) 형상의 평면도는 이전과 거의 그대로지만(트렌셉트로 불리는 십자가 가로축이 크게 줄어들긴 했다.), 하늘을 향해 더 높아지고 더 뾰족해진 탑과 공중으로 쭉 뻗어 올라간 돌기둥, 스테인드 글라스 장식에서 당시 중세 프랑스인의 기독교 신앙심과 천국에 대한 열망이 얼마나 컸는지 엿볼 수 있다. 고딕 건축에서 기다란 돌기둥은 지상에서 천국으로 올라가는 통로를 상징하며 스테인드글라스를 통해 들어오는 울긋불긋한 빛은 천국의 황홀한 빛을 떠올리게 만든다.

　우리나라의 불교 사찰을 대표하는 불국사 역시 법화경에 근거한 석가모니불의 영산정토, 무량수경에 근거한 아미타불의 서방극락정토, 그리고 화엄경에 근거한 비로자나불의 연화장세계를 한 공간에 형상화한 것이라 한다. 그래서 불국사 경내는 신라인이 상상한 이상적인 피안의 세계, 즉 불국토(정토)이며 불국사 바깥은 사바세계가 된다. 이 두 세계를 이어주는 통로가 34계단의 청운교와 백운교이다.

　그렇다면, 석탑과 석불이 곳곳에 무리 지어 있어 종교시설이 분명해 보이

그림 6. 불국사 경내는 부처님의 정토이고 불국사 바깥은 사바세계이다. 청운교와 백운교는 사바세계에서 부처의 세계로 이어주는 통로이다. (출처: 경주시 관광자원 영상이미지)

는 천불천탑은 어떤 종교 사상에 의해 조성된 것일까? 이 미스터리한 공간이 불교, 밀교, 도교, 별자리 신앙이 짬뽕된 다종교 복합단지가 아니라면, 분명 어떤 특정한 종교의 단일 사상 아래 어떤 특수한 목적으로 건립됐을 것임에 틀림없다. 여기서 어떤 특정 종교라 하면, 운주사가 고려 초기에 건립된 사찰임이 고고학적 발굴성과로 밝혀졌기 때문에 고려의 국교였던 불교일 가능성이 매우 높다.

필자는 천불천탑의 불가사의를 귀납추론으로 풀어내었다. 귀납법은 다수의 관찰 사례(참이라 판단되는 소전제)로부터 이러한 사례들을 모두 포괄하는 일반적인 결론(참일 가능성이 매우 높은 보편 원리)을 이끌어 내는 논리적 추론 방법이다. 천불천탑 전체 공간은 크게 네 구역으로 나눌 수 있다. 즉, 거대 와불이 있는 서쪽 영역, 마애여래좌상이 암벽에 새겨진 북쪽 영역,

석조불감이 놓인 중심 영역, 구층석탑이 세워진 남쪽 영역으로 구분할 수 있는데, 각 공간에 설치된 여러 조형물의 상징성 또는 조형원리에 대해서 필자가 세심히 관찰하고 연구하여 얻은 결론은 다음과 같다.

1. 서쪽 영역

- 서쪽 능선의 암반에 깊이 새긴 부부 와불은 영축산(기사굴산)에서 법회를 개최하고 설법을 하는 석가모니 부처와 항상 그의 옆에 시립하여 붓다의 설법을 모조리 외운 아난존자이다.
- 부부 와불 아래 산허리에 설치된 이른바 북두칠성 바위는 석가모니 부처의 법회를 장엄하기 위한 7층보배나무의 부재(옥개석)이다.
- 거북바위 아래 설치된 석불군 (바)는 석가모니 법회에 참석하여 그의 설법을 듣고 감복한 수많은 화신불과 성문(깨달음을 얻은 자, 즉 비구)을 묘사한 것이다.
- 이 공간에 설치된 오층석탑 및 칠층석탑은 석가모니 불회에 참석한 8대보살을 상징한다.

2. 북쪽 구역

- 북쪽 암벽에 새긴 마애여래좌상은 연화대좌에 결가부좌하고 구품인 자세로 설법을 하는 아미타불이다.
- 은행이나 주판알을 쌓아 올린 것처럼 보이거나 혹은 스님의 발우를 겹쳐 올린 것처럼 보이는 발형다층석탑은 아미타불(마애여래좌상) 주변을 장엄하기 위한 7층보주당을 석탑 형식으로 구현한 것이다.
- 명당탑(원형다층석탑) 역시 아미타불 주변을 장엄하기 위한 7층보배나무를 석탑 형식으로 표현한 것인데, 지금은 3층만 남았다.

3. 중심 구역

- 쌍배불상은 두 분 모두 통견으로 가사를 걸친 아미타불이다. 남쪽 아미타불의 수인은 항마촉지인이며, 북쪽 아미타불의 수인은 구품인이다.
- 석조불감은 아미타불이 나투는 극락의 칠보 궁전이다.
- 호떡탑으로도 불리는 원형다층석탑은 극락정토를 장엄하는 7층보배나무를 석탑 형식으로 만든 것이다.
- 동쪽 산허리에 세워진 칠층석탑의 수직문(▥)은 부처의 머리 위에 장엄물로 설치된 천개의 꽃술 문양이다.

4. 남쪽 구역

- 구층석탑과 칠층석탑에 새겨진 기하 문양(X, ◇)은 고려 불교의 전통 문양이다.
- 구층석탑의 옥개석(지붕돌) 밑면에 새긴 겹친 꺾쇠(⋁) 모양의 기하 문양은 칠보 궁전의 서까래 문양이다.

필자는 천불천탑 공간에 설치된 조형물의 특징을 세심히 관찰하고, 실크로드(간다라-서역북로-둔황-시안) 주변에 있는 여러 석굴의 벽화와 불상의 사진, 유튜브 동영상, 수많은 논문, 그리고 고려 불화를 면밀히 관찰한 후에 위와 같은 결론을 이끌어내었다. 그런데 천불천탑 공간에 설치된 개별 조형물의 상징성을 파악할 적에는 천불천탑 전체 공간을 관통하는 단일한 불교사상이나 조성원리가 무엇인지 알 수는 없었다. 부분을 알고나니 전체를 하나로 꿸 수 있는 조성원리가 몹시 궁금했다. 그래서 혹시 이게 아닐까 싶은 몇몇 불교사상을 공부하기도 하고, 화면에 불보살이 많이 등장하는 고려 불화를 천불천탑과 맞춰보기도 했지만 바로 이거다 싶은 것을 찾아내지 못하였다.

천불천탑 수수께끼에 도전한 지 두 달이 훌쩍 지나고 어느덧 새해를 맞이했다. 당시에는 그리스 여행기를 집필 중이었는데 천불천탑 수수께끼 풀기에 온통 매달리는 통에 집필을 잠시 미뤄둔 상태였다. 그러나 이제 더 이상 집필을 미룰 수가 없었다. 재미 삼아 시작한 천불천탑 수수께끼 풀기가 끝내기 수순으로 접어든 1월 중순의 어느 날 밤이었다. 노트북에 운주사 천불천탑 안내도 사진을 펼쳐 놓고 배치된 18기 석탑과 주요 석불을 하나씩 짚어가며 이름을 확인하기 시작했다. 가끔 그 위치가 헷갈리는 석탑이 두어 기 있었기 때문이었다. 중간쯤 짚어나갈 즈음에 갑자기 머리 속에서 번갯불이 번쩍하였다. 정말 놀랍게도, 지금까지 운주골 대자연에 산만하게 흩어져 있던 천불천탑이 네 개의 영역으로 뚜렷이 구분되면서 질서정연하

그림 7. 운주사 천불천탑 공간은 네 개의 영역으로 나눌 수 있다. 남쪽 들머리의 일주문을 통과하여 구층석탑 공간에 들어서면, 우리는 아미타불의 서방정토에 왕생하게 된다.

게 배치되어 보이는 것이었다. 이것은 점수돈오의 순간이었다.

그렇다, 천불천탑은 아미타 서방정토를 그린 3차원《관경16관변상도》였던 것이다!

찰나의 순간이었지만 이 우주에는 오직 천불천탑과 나만이 존재했고 세상은 너무나 고요했다. 이윽고 큰 희열이 머리에서 가슴으로 뜨겁게 전해졌다. 폐사된 이래 400년간 짙은 안개 속에 모습을 감추었던 천불천탑이 마침내 안개를 뚫고 나에게 슬며시 다가와 말을 걸어오는 듯 했다. "이제야 내가 누군지 알아차렸구먼!" 나는 빙그레 웃으면서 대답 대신에 머리를 끄덕였다. 드디어 천불천탑의 10가지 불가사의 가운데 가장 중요한 사상적 배경과 조성원리가 완벽하게 파악되었다.

이어지는 연재에서는, 천불천탑 조성의 원리가 되는《관무량수경》과 경전의 핵심 내용을 그림으로 표현한〈관경16관변상도〉를 자세히 살펴볼 것이다. 또한 고려인은 어떤 식으로 2차원 관경16관변상도를 운주골 대자연에 3차원으로 조성했는지 그 조성원리를 살펴보고, 각 공간에 설치된 조형물의 상징성과 용도에 대해서 설명하고자 한다.

천불천탑의 조성원리:
관무량수경

천불천탑 공간은 네 개의 공간(서쪽, 북쪽, 중앙, 남쪽)으로 나눌 수 있으며, 각 공간에 세워진 여러 석탑, 석불, 석인상의 상징성은 고려 후기에 제작된 〈관경16관변상도〉의 구성과 도상으로 명쾌하게 해석할 수 있다. 〈관경16관변상도〉는 《관무량수경》(觀無量壽經)이란 대승경전의 내용을 그림으로 나타낸 불화이므로, 천불천탑의 조성 원리는 《관무량수경》이라 판단된다.

'관(觀·Meditation)'이란 마음속에 그려본다는 뜻이고, '무량수(無量壽·Amitayus)'는 헤아릴 수없는 수명을 가진 자로 아미타불을 달리 부르는 말이며, '경(經·sutra)'이란 부처의 말씀을 모아놓은 경전을 일컫는다. 그렇다면, 《관무량수경》이란 서방정토의 구원불인 아미타불을 마음속으로 그려보는 경전이란 뜻인데, 구체적으로 부처님의 어떤 말씀이 담겨 있을까? 이 궁금증을 풀기에 앞서 아미타불의 《관무량수경》이 나오게 된 종교적 배경부터 살펴보자.

불교의 구원론과 아미타 정토신앙

모든 유일신 종교에는 구원론이 있게 마련이다. 서양 기독교는 인간은 원죄를 갖고 태어났으며, 예수께서 나를 포함한 인간의 죄를 대속했다고 믿는 종교이다. 일단 이렇게 믿는 사람은 구원을 얻어 천국에 올라갈 수 있다. 즉, 기독교의 구원론은 죄-구원-천국으로 이루어져 있다.

그림 8. 붓다의 열반(2-3세기, 간다라): 사라나무 아래 침상에 누운 붓다가 마침내 열반에 들자 제자들과 천신들이 오열한다. 베개 아래 쓰러져 슬피 우는 이는 10대 제자 가운데 한 명인 아난이고, 맨 왼쪽에 오른손을 머리 위로 올리고 황망한 표정을 짓는 이는 호법신 바즈라파니(Vajrapani)로 그의 외모는 헤라클레스를 빼닮았다.

불교는 원래 유일신을 믿는 종교는 아니지만, 고(괴로움)-열반·해탈-극락이라는 구원론을 갖고 있다. 불교는 인간을 늙고 병들어 죽는 괴로움에서 벗어날 수 없는 존재로 본다. 이 괴로움에서 벗어나는 유일한 방법은 괴로움의 뿌리인 탐욕, 집착, 어리석음에서 벗어나는 것뿐이다. 수행정진을 통해 탐진치(貪瞋痴)에서 벗어난 상태, 즉 괴로움에서 벗어난 상태를 '열반'에 이르렀다고 말한다. 또 한순간의 행복이 불행을 초래하기도 하고 즐거움 속에서 괴로움이 잉태되기도 한다. 행복과 불행, 즐거움과 괴로움은 동전의 양면과 같아서 동전 던지기를 하면 어떤 때는 앞면(행복)이, 또 어떤 때는 뒷면(불행)이 나온다. 이것을 알아차린 사람은 동전의 어느 면이 나오든 기뻐할 일도, 괴로워할 일도 없게 된다. 동전 던지기처럼 반복되는 욕망과 번뇌의 속박에서 벗어난 자유로운 마음의 상태를 '해탈'이라고 한다. 열반과 해탈을 증득한 사람은 바로 지금 이 순간, 이 세상이 괴로움 덩어리가 아니라 극락임을 알게 된다. 극락은 저 멀리 해지는 서쪽이나 하늘 위에 있지 않고 내 마음속에 있는 것이다. 이것을 알려준 분이 바로 인류의 위대한 스승, 붓다였다.

극락에 가려면 열반과 해탈을 증득하는 수밖에 없다. 역사적 붓다는 세상 나이 80세에 쿠시나가르의 사라나무 아래에서 죽음을 맞이하였는데 그의 열반을 앞두고 이제 우리를 가르쳐 줄 스승이 없게 되었다고 슬퍼하는 제자 아난다에게 말하였다.

"너 자신을 등불 삼고 너 자신에 의지하라. 진리를 등불 삼고 오직 진리에만 의지하라."
"게으름 피우지 말고 정진하라."

이것이 붓다의 마지막 말씀이었다. 붓다의 유언에 따르면, 오직 끊임없는 자력 정진을 통한 독각(혼자 스스로 깨우침)만이 열반과 해탈로 나아갈 수가 있는 것이다. 그런데 붓다의 입멸 후 세월이 수백 년 흐르면서 붓다의 가르침은 그를 신격화한 불교가 되었고, 여러 교단과 종파가 생기면서 자력 정진이 아닌 타력(他力)에 의해서도 극락에 갈 수 있다는 교리가 생기게 된다. 어리석고 나약한 범부들은 자신의 힘만으로는 극락정토에 왕생할 수 없기 때문에 극락왕생을 위해서는 아미타불의 본원력, 즉 타력에 의지해야 한다는 논리이다.

타력 구원 신앙을 내세운 종단이 중국 남북조시대(420-589년)에 탄생하여 당대(618-907년)에 전성기를 누린 정토종이다. 정토종의 구원관은 믿음-

서원(원을 세움)-극락이다. 정토종은 서방정토에 계신 아미타불을 믿고 극락왕생의 원을 세우면 극락에 갈 수 있다는 교리를 내세우고, 극락왕생 수행법으로 '나무아미타불(아미타 부처님에게 귀의합니다.)'을 한마음으로 염불할 것을 제시한다. 오악의 죄(살생, 도둑질, 음행, 거짓말, 음주)를 지어 죽어서 지옥에 떨어질 자라 할지라도 죽기 직전에 '나무아미타불'을 열 번만 부르면 아홉 단계(구품)로 나뉘어 있는 극락의 가장 아랫자락에서 다시 태어날 기회를 준다는 것이다. 정토교의 아미타불 정토사상은 당시 오랫동안 전란에 시달렸던 대중으로부터 큰 호응과 지지를 받았다. 이후 정토신앙은 불교의 모든 종파에서 내세구원관으로 받아들이게 된다.

왕사성의 비극과 관무량수경

극락정토의 아미타불을 숭배하는 정토종의 소의경전(교리적으로 의지하는 근본경전)이 《관무량수경》이다. 《관무량수경》을 줄여서 《관경》 또는 《십육관경》이라고도 한다. 모든 불교 경전은 서분(序分), 정종분(正宗分), 유통분(流通分), 세 단락으로 구분된다. 서분은 경전을 기록한 이가 그 경이 설해진 연유를 기록한 것으로 서론에 해당하며, 정종분은 부처님의 설법을 기록한 부분으로 경전의 본론이자 핵심이며, 마지막 유통분은 경전의 이익을 말하여 후세까지 길이 전달되고 널리 드날리기를 권하는 부분으로 결론에 해당한다. 《관무량수경》의 서분에는 석가모니 부처께서 이 경을 설하게 된 배경인 '왕사성의 비극'이 다음과 같이 펼쳐진다.

마가다국의 빔비사라(頻毘娑羅) 왕과 위제희(韋提希) 왕비는 왕위를 이을 아들이 없어 고민이 많았다. 왕이 점술가를 불러 언제쯤 아들이 생길지 물으니 산속에서 수행 중인 선인이 참선 수도 3년 후에 왕자로 환생할 것이라는 점괘를 받았다. 3년을 기다릴 수 없었던 왕은 자객을 보내 선인을 죽였는데, 바로 그날 왕비가 임신을 하였다. 왕은 기뻐하여 다시 점술가를 불러 점을 치게 했는데, 이 아기가 태어나면 죽은 선인의 한으로 왕에게 불행한 일이 생긴다는 점괘를 받았다. 두려움을 느낀 왕은 열 달 후에 아기가 태어나자마자 누각에서 떨어뜨리라고 명령했다. 운명의 장난인지 아기는 손가락 하나만 부러진 채 기적적으로 살아났다. 이것도 다 운명이라 생각한 왕과 왕비는 아기를 그냥 키우기로 하였다. 이렇게 기구한 운명을 갖고 태어난 아기의 이름은 아사세(阿闍世)였는데, 이 이름을 한자로 뜻풀이를 하면 미생원(未生怨)이 된다. 이 말은 태어나기 전부터 원한을 품었다는 뜻이다. 그는 왕자 교육을 받으면서 훌륭하게 성장했다.

그런데 한때 부처님 제자였다가 쫓겨난 제바달다가 아사세 왕자를 꼬드겼다. 그는 왕자에게 부친을 살해하고 왕이 될 것을 부추겼다. 그것은 자신의 절친인 왕자가 마가다국의 왕이 되면 자기가 새로 만든 승단에 큰 시주를 하여 빔비사라 왕의 후원을 받던 부처님 승단을 압도할 것이라 기대했기 때문이었다. 꼬임에 빠진 왕자는 처음에는 망설였지만 제바달다로부터 출생의 비밀을 듣고 나서는 크게 분노하여 마침내 부왕을 옥에 가두고 굶겨 죽이기로 작정하였다. 이것을 안 위제희 왕비는 왕에게 몰래 음식을 제공했으나 얼마 안가 왕자에게 들키고 만다. 아들은 크게 화를 내며 어머니마저 왕궁 깊은 곳에 유폐시켰다. 큰 슬픔과 고통에 빠진 왕비는 영축산을 향해 예배하며 석가모니 부처의 왕림을 기원하는데 왕비가 미처 머리를 들기도 전에 아난존자와 목련존자를 대동한 석가모니 부처께서 몸을 나타내보이셨다. 부처의 모습을 본 왕비는 엎드려 통곡하며 이렇게 호소하였다.

"세존이시여, 저는 과거 속세에 무슨 죄를 지었기에 이런 악독한 아들을 두게 되었습니까? 원하옵건대 세존이시여, 저를 위해 괴로움과 번뇌가 없는 세계를 자상하게 말씀해주옵소서. 저는 마땅히 그곳에 태어나겠사오며 이렇게 혼탁하고 사나운 세상에는 더 이상 살고 싶지 않습니다. 진정으로 원하옵건대, 중생의 태양이신 부처님께서는 저에게 청정한 업으로 이루어진 안락한 세계를 보여주옵소서."

왕비의 간절한 소원을 들은 부처는 신통력으로 아미타불의 극락정토를 보여주면서 정토에 태어날 수 있는 16가지 관불수행법을 하나하나 일러주는데, 이것이 《관무량수경》

그림 9. 고려 관경서분변상도(일부분, 1312년): 궁중에 갇힌 위제히 왕비가 기사굴산의 부처님을 향해 간절히 기도를 드리자 부처님께서 목련과 아난을 대동하고 나투셨다.

본론(정종분)의 내용이다. 관무량수경의 서분과 정종분을 한 폭에 그린 불화가 〈관무량수경변상도〉이고, 서분만 따로 떼어내서 그린 불화가 〈관경서분변상도〉이며, 정종분만 따로 떼어 그린 불화가 〈관경16관변상도〉이다. 고려시대 작품으로는 〈관경서분변상도〉 2점과 〈관경16관변상도〉 4점이 전해 내려오는데, 아쉽게도 6점 모두 일본 사찰에 보관되어 있다.

둔황석굴에 유난히 《관경변상도》가 많이 그려진 이유는?

중국의 수·당 시대에 아미타 서방정토신앙이 크게 유행하면서, 정토3부경(아미타경, 무량수경, 관무량수경)의 내용을 그림으로 묘사한 변상도가 엄

그림 10 안서 유림굴(제25굴)의 관경변상도: 정토를 관장하는 아미타불이 연화대좌 위에 좌정해 있다. 왼쪽과 오른쪽 띠에는 관경의 서분과 정종분의 내용을 담았다.

청나게 많이 그려졌다. 불교미술관으로 불리는 둔황 막고굴에는 정토3부경 변상도가 현재 154폭 남아있는데 이 가운데 〈관무량수경관변상도〉가 무려 절반이 넘는 84폭이나 차지한다. 이것은 중국의 불자들이 정토3부경 가운데 《관무량수경》을 특히 좋아했다는 것을 말해준다. 그들은 왜 〈관경변상도〉에 열광했을까? 그것은 아미타경과 무량수경에 비해서 관무량수경이 극락왕생 자격조건을 대폭 낮추었기 때문일 것이다. 관무량수경에는 비록 오역죄를 지은 악인일지라도 죽기 직전에 선지식을 만나 참회하고 나무아미타불을 열 번만 온전히 부르면 구품극락의 가장 낮은 자리에 왕생할 수 있다고 적혀있다.

우리나라의 경우, 중국의 정토신앙이 도입된 것은 후대 신라-고려 초였지만 널리 유통된 것은 고려 후기였다. 13세기 초, 강진 백련사의 요세 스님에 의해서 불자의 수행정진 방법으로 법화경 독송, 참회, 염불(나무아미타불을 부름) 및 정토왕생 기원을 강조한 '백련결사(白蓮結社)'라 불리는 신앙 혁신운동이 일어났다. 이 운동은 개경의 불교가 중앙의 정치세력과 결탁하여 귀족화되고 타락한데 대한 반성에서 비롯된 것이었다. 참회·염불·정토왕생 신앙은 강진 백련사를 중심으로 남도지방에서 확산되다가 마침내 13세기 말에 백련사 고승이 개경에 있는 고려왕실 사찰(묘련사)의 주지로 임명되면서 절정기를 맞이하였다. 이 시기에 《관무량수경》의 해석서인 《관무량수경소》가 널리 읽히고, 그림의 주제가 참회·염불·정토왕생인 〈관경16관변상도〉가 많이 그려진 것은 이러한 시대적 상황과 맞물려 있었다.

천불천탑의 설계도(I): 관경16관변상도

　우리나라 옛 건축물 가운데 설계도가 남아있는 유적이 있을까? 만약 18세기 말에 수원의 화성을 짓는 과정을 그린 〈화성성역의궤〉를 설계도로 본다면 수원 화성을 첫손가락에 꼽을 수 있을 것 같다. 실제로, 한국전쟁 때 크게 파괴된 수원 화성을 1970년대에 복원할 때 〈화성성역의궤〉가 결정적인 역할을 했다고 한다. 그렇다면, 우리나라에서 설계도가 남아있는 가장 오래된 유적은 무엇일까? 만약 설계도의 개념을 크게 확장하여 조형물을 세울 때 참고한 그림까지 포함시킨다면 그것은 바로 운주사 천불천탑이다. 결코 근거 없이 떠드는 얘기가 아니다. 정말 놀랍게도, 천불천탑의 설계도가 지금까지 온전히 보존되어 있다. 보관 장소가 우리나라가 아닌 일본 사찰이라서 약간 아쉽지만 말이다. 앞의 글에서 설명했지만, 천불천탑의 조성 원리는 《관무량수경》이다. 이 경전의 핵심 내용은 아미타 극락정토에 왕생하기 위한 16가지 관상수행법이며, 이것을 알기 쉽게 그림으로 나타낸 것이 본 절에서 해설하게 될 〈관경16관변상도〉이다.

　필자의 연구에 의하면, 천불천탑은 2차원 〈관경16관변상도〉를 설계도 삼아서 운주골 대자연에 조성한 3차원 〈관경16관변상도〉이다. 즉, 아미타불의 극락정토를 현실 세계에 재현해놓은 것이 천불천탑이다. 이렇게 판단할 수밖에 없는 이유는, 〈관경16관변상도〉의 구성과 도상을 이용해서 천불천탑의 조성원리뿐만 아니라 크게 네 개로 구획되는 세부 공간에 설치된 모든 조형물의 상징성이나 용도를 거의 완벽하게 해석할 수 있기 때문이다. 다시 말해, 앞에서 언급한 천불천탑에 얽힌 열 가지 불가사의 가운데 무려 아홉 가지를 〈관경16관변상도〉로 군더더기 없이 깔끔하게 풀어낼 수 있다.

설계도면인 〈관경16관변상도〉만으로 풀 수 없는 것은 천불천탑의 기하 문양(X, ◇) 수수께끼이다. 왜냐하면 이 기하 문양은 불상의 탄생지 간다라와 마투라에서 처음 사용되기 시작하여 실크로드를 거쳐 고려까지 건너 온 불교가문의 오래된 전통문양이라서 보다 광범위한 자료조사가 필요하기 때문이다. 실제로 간다라-서역북로-장안으로 이어지는 실크로드 주변의 수많은 석굴 벽화에서 천불천탑의 기하 문양(X, ◇)이 장식문양으로 사용되었음이 필자에 의해 확인되었다.(천불천탑 기하문양의 상징성과 기원에 대해서는 뒤에서 따로 자세히 다룰 예정이다) 당연히 실크로드의 동쪽 끝자락에 위치한 고려국의 〈관경16관변상도〉에도 천불천탑의 기하 문양(X, ◇)이 장식문양으로 숨어있다. 이 기하 문양이 간다라-서역-중국-한반도로 이어지는 불교의 적자 문양이자 전통 문양이라는 것을 입증하는 데는 고려 〈관경16관변상도〉도 약간의 기여를 한다. 그래서 이 기여 분까지 포함시킨다면, 고려 〈관경16관변상도〉로 천불천탑을 둘러싼 열가지 불가사의 전체를 거의 완벽하게 해석할 수 있다. 그러면 이제부터 본격적으로 천불천탑 설계도인 〈관경16관변상도〉가 어떤 그림인지 살펴보자.

천불천탑의 설계도는 서복사장 관경16관변상도이다

고려 후기에 제작된 〈관경16관변상도〉 가운데 현존하는 것은 4점뿐인데, 보유 사찰의 이름을 붙여 서복사본, 법륜사본, 인송사본(1323년), 지온인본(1323년)으로 불린다. 이 가운데 천불천탑의 설계도면은 서복사본 〈관경16관변상도〉로 판단된다. 왜냐하면 서복사본으로 천불천탑의 10가

그림 11. 서복사장 〈관경16관변상도〉 (고려, 1300년 추정): 서방정토 왕생을 위한 16가지 관상수행법을 그림으로 표현한 것이다.

지 수수께끼가 명쾌하게 풀리기 때문이다. 서복사장 〈관경16관변상도〉는 제작시기에 대한 기록이 없어 정확한 제작년도를 알 수는 없으나 화면의 구성과 표현 기법으로 판단할 때 현존하는 4점의 고려 〈관경16관변상도〉 가운데 가장 이른 시기인 1300년 무렵에 제작된 것으로 보고 있다. 이 변상도는 서방정토에 왕생하기 위한 16가지 관상수행법을 수록한 《관경》의 내용에 충실하게 화면을 구성했으며 세부묘사가 대단히 세밀하고 화려하다. 이런 점에서, 필자는 서복사장 〈관경16관변상도〉를 고려시대에 그려진 모든 〈관경16관변상도〉의 카논(canon·기준, 표준)으로 보고 있다.

서복사장 〈관경16관변상도〉는 전체 화면을 위에서 아래로 크게 5분할하고 화면의 왼쪽과 오른쪽 끝을 폭이 좁은 현수막을 아래로 길게 늘어뜨리듯 구획한 다음, 각 공간마다 극락세계와 아미타불을 관상하는 16가지 수행법을 그림으로 풀어놓았다. 16가지 수행법은 크게 정선13관(제1관-제13관)과 산선3관(제14관-제16관)으로 구분된다. 정선13관은 근기(불법을 듣고 깨닫는 능력)가 높은 수행자의 수행법이며, 산선3관은 근기가 낮고 마음이 산란한 범부중생의 수행법이다. 정선13관을 도해한 13개 그림은 화면의 맨 위와 왼쪽·오른쪽 끝자락을 차지하고 있는데 반해서 산선3관을 그린 그림은 화면 전체의 3/5 가량을 차지하고 있다. 이것은 이 불화의 사상적 배경인 《관무량수경》에서 말하는 핵심 주제(참회, 염불수행, 극락왕생 기원)가 산선3관에 담겨 있다는 것을 암시한다. 그러면, 지금부터 16가지 관상수행법 도상을 순서대로 감상해보자.

정선13관(제1관-제13관)

〈관경16관변상도〉의 제1관부터 제7관까지는 극락정토의 장엄한 광경을 마음으로 바라보는 7가지 관상법을 〈그림 12〉에 보인 것처럼 그림으로 표현하였다. 여담이지만, 필자는 이 그림이 우리나라 인포그래픽 (Inforgraphics)의 원조라고 생각한다. 인포그래픽은 정보(Information)와 그래픽(Graphic)의 합성어로, 정보를 빠르고 분명하게 전달하기 위해서 정보, 데이터, 지식을 시각적으로 간결하게 표현한 것을 말한다. 동그란 원 안에 그린 정선13관의 그림은 설법의 핵심 내용을 간결하면서도 아름답게 표현하였다. 불교신자를 위해서, 정토를 관상하는 13가지 그림을 동그란 자석 벽걸이로 만들어 13종 한 세트로 판매해도 좋을 듯싶다.

제1관은 해를 생각하는 일상관(日想觀) 또는 일몰관(日沒觀)으로, 지는 해가 마치 서쪽 하늘에 매달린 북과 같음을 보는 것이다.(변상도에는 붉은 태양 안에 궁전이 묘사되어 있다.)

제2관부터 제7관까지는 화면 오른쪽에 위치한 청색 외연부의 동그란 원 안에 묘사되어 있다.

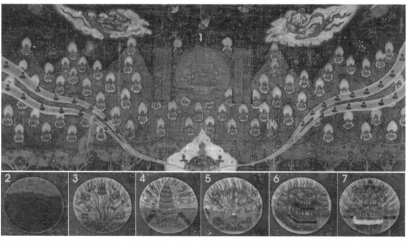

그림 12. 서복사장 〈관경16관변상도〉의 제1관-제7관: 극락세계의 장엄한 풍경을 마음에 그려보는 7가지 명상법을 그림으로 나타낸 것으로, 우리나라 인포그래픽의 원조이다.

제2관은 극락정토의 맑고 투명한 물을 생각하는 수상관(水想觀)이고,

제3관은 정토의 땅을 생각하는 지상관(地想觀)이며,

제4관은 정토의 보배나무를 생각하는 보수관(寶樹觀)이고,

제5관은 팔공덕수(八功德水)가 충만한 보배 연못을 생각하는 보지관(寶池觀)이며,

제6관은 보배 누각을 생각하는 보루관(寶樓觀)이고

제7관은 아미타불이 앉아 계신 연화대를 생각하는 화좌관(華座觀)이다.

그 바로 아래 전각에는 부질없는 의혹을 일으켜 오백 년이 지나야 부처를 만나 설법을 들을 수 있는 범부대중(태생의 무리)이 묘사되어 있다.

제8관부터 제13관까지는 왼쪽에 자리한 청색 외연부에 묘사되어있는데, 이것은 아미타삼존(아미타불, 관세음보살, 대세지보살)의 형상을 마음의 눈으로 보는 6가지 관불법을 그림으로 표현한 것이다. 여기서, 관세음보살은 아

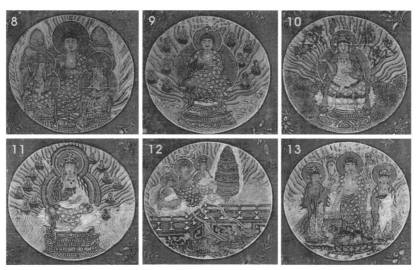

그림 13. 서복사장 〈관경16관변상도〉의 제8관-제13관: 아미타삼존의 형상을 마음으로 보는 6가지 명상법을 그림으로 나타낸 것이다.

미타불의 자비를 상징하는 보살이고 대세지보살은 아미타불의 지혜를 상징하는 보살이다. 즉, 세 불보살은 이름만 다르지 사실상 동격이라고 볼 수 있다. 삼위일체인 것이다.

　제8관은 아미타삼존의 형상을 생각하는 상상관(像想觀)이고,

　제9관은 아미타불의 몸을 생각하는 진신관(眞身觀)이며,

　제10관은 자비의 상징인 관세음보살을 생각하는 관음관(觀音觀)이고,

　제11관은 지혜의 상징인 대세지보살을 생각하는 세지관(勢至觀)이며,

　제12관은 서방정토에서 태어나 극락세계를 관조하는 보관(普觀)이고,

　제13관은 아미타삼존을 두루 섞어 생각하는 잡상관(雜想觀)이다.

　바로 아래 전각에는 부처의 지혜를 믿고 의심하지 않아 극락왕생하는 성문대중(화생의 무리)이 있다.

　이상의 내용이 왕사성의 위제희 왕비와 같이 불심이 깊고 근기가 높은 수행자가 실시할 수 있는 극락관상 수행법이다. 여기서, 독자들은 다음과 같은 의문을 제기할지도 모르겠다. "천불천탑의 설계도가 〈관경16관변상도〉라는 주장이 참이 되려면, 천불천탑 공간에 배치된 모든 조형물의 상징성을 〈관경16관변상도〉의 도상으로 명쾌하게 설명할 수 있어야 하는데 실제로도 그러합니까?" 이 질문에는 후속 편에서 자세히 답변하겠지만, 독자들을 위한 맛보기 차원에서 하나의 사례를 미리 보여주고자 한다.

　앞에서 감상했던 〈관경16관변상도〉의 제4관(보수관)과 제12관(보관)의 그림을 다시 살펴보자. 제4관에서 묘사한 극락세계의 보배나무는 칠보로 만든 꽃과 잎이 달려있어 일곱 가지 빛깔을 내고 일곱 가지 보배 열매를 맺는다. 또 보배나무에는 일곱 겹의 진주그물이 덮여있어 그림 14에서 볼 수 있듯이 사방팔방으로 휘황찬란한 빛을 발산하여 극락세계를 장엄한다. 제12관은 서방정토에 태어난 왕생자가 전각 아래 연못의 연꽃 위에 가부좌

그림 14. (왼쪽부터) 〈관경16관변상도〉의 제4보수관과 제12보관의 보배나무는 극락정토의 장엄물이다. 천불천탑 공간의 원형다층석탑은 정토 장엄물의 일종인 7층보배나무를 3차원 공간에 세우기 위해 석탑 양식으로 만든 것이다.

한 채 아미타삼존이 허공에 가득한 극락세계를 관조하는 모습이다. 여기에도 극락세계를 장엄하는 보배나무가 세워져 있는 것을 볼 수 있다. 이 보배나무와 똑같이 생긴 조형물을 천불천탑 공간에서 볼 수 있는데, 그것은 바로 석조불감 앞에 있는 원형다층석탑이다. 우리나라 다른 사찰에서는 결코 볼 수 없고, 오직 천불천탑 공간에서만 만날 수 있는 이 원반형 석탑의 정체는 다름 아닌 아미타불의 서방정토를 장엄하는 7층보배나무였던 것이다.

천불천탑의 설계도(II): 관경16관변상도

　아들에 의해 궁궐에 유폐된 왕비가 다시 석가모니 부처님께 사뢴다.

　"세존이시여, 저와 같은 범부는 지금 부처님의 거룩하신 법력에 의지하여 극락세계를 바라볼 수 있사오나, 만약 부처님께서 열반에 드신 후에 다른 모든 중생들은 마음이 혼탁하고 삿되어 매양 다섯 가지 괴로움(생로병사와 이별하는 슬픔)에 사뭇 시달리게 될 것이옵니다. 그와 같은 중생들은 어떻게 해야 아미타불의 극락세계를 볼 수 있겠습니까?"

석가모니 불회와 산선3관(제14관-16관)

　위제희 왕비의 간청에 석가모니 부처께서는 근기가 낮고 마음이 산란한 미래의 중생들이 서방정토에서 태어날 수 있는 세 가지 방편을 설명해 주셨다. 이것을 제14관~제16관이라 부르며, 통칭하여 산선3관(散善3観)이라 부른다. 산선3관에는 《관경》의 핵심 내용인 '극락왕생 기원'이 담겨 있기 때문에 〈관경16관변상도〉에서 가장 중요한 부분이다. 산선3관 바로 위에는 석가모니 부처께서 수많은 보살과 천왕, 범천과 제석천, 10대 제자와 비구들을 모아놓고 《관경》을 설하는 영축산의 법회 장면이 크게 그려져 있다. 이것을 〈석가모니불법도〉, 〈석가모니불회도〉라 부르며, 이 장면만 따로 떼어 내 하나의 화폭에 그리면 〈영산회상도〉가 된다. 그러면, 지금부터 일본 서복사에 보관된 고려 〈관경16관변상도〉에 묘사된 석가모니 불회와 산선3관

그림 15. 서복사장 〈관경16관변상도〉의 상부에 묘사된 석가모니 부처의 불회 장면(석가모니 불회도)

장면을 차례로 감상해보자.

불회는 화면의 윗부분에 위치하여 전체 내용의 중심 역할을 한다. 넓게 자리 잡은 불회에는 많은 인물들(8대보살, 10대제자, 범천과 제석천, 6대천왕, 16성중, 22보살)이 묘사되어 있고, 그 한가운데에 주존불인 석가모니 부처가 팔각 연화대좌 위에 결가부좌하고 있다. 부처의 뒤쪽 좌우에는 육방불이 부처의 설법을 증명하고 있으며, 한 단 아래에는 수많은 천인들이 악기를 들고 천상의 음악을 연주하거나 춤을 추고 있다.

석가모니 불회도 아래는 화면을 삼단으로 구획하여 제14관(상배관), 제15관(중배관), 제16관(하배관)을 그렸다. 각 단마다 화려한 전각 세 채가 품(品)자형으로 배치되어 있는데, 이는 동일 품에서 등급이 다른 세 개의 극락을 표현한 것이다.(요즘으로 치면, A급 국가신용등급을 또다시 AAA, AA, A로 세분

그림 16 〈관경16관변상도〉의 제14관(상배관) : (정면) 상품상생, (향우) 상품중생, (향좌) 상품하생

하는 것과 비슷하다.) 상배관과 중배관에는 아미타삼존이, 하배관에는 관세
음보살과 대세지보살이 연화대좌 위에 좌정해 있고, 주변에는 수많은 보살
과 비구가 시립해 있으며, 전각과 전각을 잇는 회랑에는 무수한 천인이 운
집하여 아미타불과 함께 극락 왕생자를 맞이하고 있다. 각 전각 아래에는
수려한 연못이 있고, 이제 막 극락정토에서 태어난 왕생자가 연꽃 모양의
연화대에서 합장하고 있다. 그러면, 제14관, 제15관, 제16관으로 구획된 화
면을 번호순으로 자세히 살펴보자.

제14관(상배관)은 상품상생, 상품중생, 상품하생 정토로 구분되며, 품
(品) 자형으로 배치된 전각 세 채는 이를 나타낸 것이다. 중앙의 상품상생
극락정토에는 아미타불이 적색가사를 우견편단으로 입고, 구품인 자세로
연화대좌에 결가부좌하고 있다. 그의 좌우에는 백색 가사를 입고 연화대
좌 위에 결가부좌한 관세음보살과 대세지보살이 있다. 상배관은 자비심이
많아 생명을 죽이지 않으며 대승경전을 독송하고 육바라밀을 수행하여 자

그림 17 〈관경16관변상도〉의 제15관(중배관) : (정면) 중품상생, (향우) 중품중생, (향좌) 중품하생

그림 18 〈관경16관변상도〉의 제16관(하배관)과 수기·마정도 : (정면) 하품상생, (향우) 하품중생, (향좌) 하품하생

신이 쌓은 공덕을 남에게 베풀 줄 아는 상품상생(上品上生), 대승경전을 독송하거나 외우지는 못해도 대승의 뜻을 알고 인과의 도리를 믿어 극락에 태어나기를 서원하는 상품중생(上品中生), 인과의 도리를 믿고 무상의 도를 구하는 마음을 일으키고 극락에 태어나기를 서원하는 상품하생(上品下生) 수행자가 생을 다했을 때 극락왕생하는 곳이다. 상품수행자는 보배 연못의 연화대 위에 탄생하여 아미타불로부터 불법을 듣고 무생법인(無生法忍·존재하는 모든 것은 태어난 바가 없다는 깨달음)의 진리를 깨닫게 된다.

제15관(중배관)은 중품상생, 중품중생, 중품하생 정토로 구분되며, 품(品) 자형으로 배치된 전각 세 채는 이를 묘사한 것이다. 중앙의 중품상생 극락정토에는 아미타불이 적색 가사를 통견으로 입고, 구품인 자세로 연화대좌 위에 결가부좌하고 있다. 그의 좌우에는 관세음보살과 대세지보살이 좌정해 있다. 중배관은 청정한 계율을 지키며 오역죄를 범하지 않는 중품상생(中品上生), 단 하루라도 팔재계나 구족계를 지키는 중품중생(中品中生), 부모에게 효도하고 사람들에게 인자하게 행동하는 중품하생(中品下生) 수행자가 생을 다했을 때 태어나는 서방정토이다. 중품수행자는 보배 연못의 연화대 위에서 태어나 합장하여 부처님을 찬탄하고 법문을 듣고 나서 깨달음을 얻는다.

제16관(하배관)은 하품상생, 하품중생, 하품하생 정토로 구분되는데, 품(品) 자형으로 배치된 전각 세 채는 이를 표현한 것이다. 하배관의 주존불은 백색 가사를 입은 관세음보살이다. 하품중생과 하품하생 정토에 해당하는 좌·우의 전각을 이층누각으로 표현한 것이 이채로운데, 이층에는 악기를 연주하는 천인들로 가득하다. 하배관은, 갖가지 악업을 지으면서도 어리석어 참회하고 부끄러워할 줄 모르는 하품상생(下品上生), 온갖 계율을 범하고 승단의 물건을 훔치며 허무맹랑한 부정 설법을 하는 등 악업을 짓고도 스스로는 옳다고 뽐내는 하품중생(下品中生), 오역죄와 십악 등 온 갖 악업을 지어 그 과보로 지옥·아귀·축생의 삼악도에 떨어져 오래도록 괴로움을 받을 하품하생(下品下生) 인간이 왕생하는 극락정토이다. 이와 같은 악인도 죽기 직전에 선지식을 만나 부처를 생각하도록 가르침을 받고 지성으로 아미타불을 열 번만 온전히 부르면 염불 하는 동안에 죄업이 사라지며 목숨이 다하는 순간에는 극락세계의 칠보 연못의 연꽃에서 태어난다. 하지만 하품수행자가 태어난 연꽃의 꽃봉오리는 곧바로 열리지 않으며, 그 안에 갇혀 오랜 시간 동안 참회를 해야만 비로소 꽃봉오리가 열리면서 관세음보살과 대세지보살을 친견하고 법문을 들을 수 있다.

중국의 당(唐) 시대와 우리나라의 고려 후기에 아미타정토3부경(아미타경, 무량수경, 관무량수경) 가운데 《관무량수경》이 특히 널리 유통되고 〈관경변상도〉와 〈관경16관변상도〉가 유난히 많이 그려진 이유는 단순하다. 《아미타경》과 《무량수경》에서는 극락정토가 딱 3품(상배관, 중배관, 하배관)뿐이었지만, 《관무량수경》은 이를 더 세분하여 3품×3생(상생, 중생, 하생)=9품 정토로 만들어 극락의 숫자를 무려 3배나 늘려놨고, 심지어 악인마저 생을 다하는 순간에 나무아미타불을 열 번만 부르면 서방정토에 왕생할 수 있도록 극락왕생 자격조건을 확~ 낮춰주었기 때문이다.

수기도(授記圖)·마정도(摩頂圖)

제16관(하배관)의 좌·우에는 수기도(授記圖)와 마정도(摩頂圖)가 그려져 있다. 수기란 부처님이 수행자에게 미래에 성불할 것을 예언하는 것을 말하며, 마정이란 부처님이 수기(예언)를 위해 수행자의 정수리를 만지는 행위를 말하는데, 수기도와 마정도는 바로 이 장면을 그린 것이다. 서복사장 〈관경16관변상도〉에 수기·마정도가 그려진 이유에 대해서는 몇 가지 주장이 있지만 아직까지 확실하게 밝혀진 것은 없다. 필자의 생각을 말한다면, 서복사장 〈관경16관변상도〉가 《관무량수경》의 내용을 충실히 반영하여 그린 정통 불화이므로, 석가모니 부처께서 설하는 《관경》의 흐름을 따라서 제1관부터 제16관까지 쭉 그려 내려가다가 경전의 결론에 해당하는 유통분의 핵심내용(수행 → 관불 → 성불로 나아감, 즉 깨달음을 얻음)을 수기마정도로 표현하면서 화면을 끝맺지 않았나 싶다. 유통분은 아래와 같이 석가모니 부처의 말씀으로 막을 내리고 있다.

"이 경에서 말한 삼매를 닦는 사람은 바로 이 몸으로 아미타불과 관세음보살, 대세지보살을 볼 수 있느니라. 선남선녀(善男善女)가 부처님과 두 보살의 이름만 들어도 무량 겁 동안 생사에 헤매는 죄업이 소멸될 것인데, 하물며 부처님의 지혜 공덕을 깊이 생각하는 큰 공덕에 있어서랴. 잘 알아 두어라. 매양 부처님을 생각하는 사람은 인간 가운데서 가장 순결한 연꽃이니라. 그래서 관세음보살과 대세지보살은 그의 좋은 친구가 되며, 그는 항상 진리를 떠나지 않고, 끝내 부처를 성취하게 되느니라."

지금까지 2회에 걸쳐 천불천탑의 설계도인 서복사장 〈관경16관변상도〉 구성과 내용을 간략히 살펴보았다. 다음 회부터는 본격적으로 3차원 〈관경16관변상도〉인 천불천탑의 공간 구성은 어떻게 되어 있는지, 그리고 각 공간마다 설치된 조형물(석탑, 석불, 석인상)의 조형원리와 상징성은 무엇인지 살펴 볼 것이다.

관경16관변상도(부분, 고려 1323년, 지은원 소장) ▶

제3장

관경16관변상도의 도상과 천불천탑

천불천탑은 3차원 관경16관변상도이다

부부와불, 이들은 누구인가

칠성석은 북두칠성 별자리가 아니다

발형다층석탑은 극락정토의 장엄물이다

석조불감과 쌍배불상의 정체

찰흙으로 천불천탑 빚기

나는 보살이 아니라 비구입니다

천불천탑은
3차원 관경16관변상도이다

　운주사와 천불천탑에 대한 연구가 본격적으로 시작된 것은 80년대 초였다. 이후 30여 년에 걸쳐 천불천탑 불가사의를 풀기 위한 여러 주장이 제기되었다. 그러나 천불천탑 조성과 관련된 어떤 역사기록도 남아있지 않아서 아직도 많은 의문이 풀리지 않은 채 수수께끼로 남아있다.(앞의 글, '운주사 천불천탑에 얽힌 수수께끼'에서 지금까지 제기된 주장들을 간략히 소개하였다.)

　천불천탑이 불교, 밀교, 도교의 사찰이라거나 심지어 고대 천문 유적이라는 주장들은 천불천탑 공간에 설치된 일부 조형물의 상징성이나 용도에 대해서 그럭저럭 설명이 가능하지만, 명주실로 진주알을 하나씩 꿰서 진주목걸이를 만들듯이 천불천탑 공간에 설치된 모든 조형물을 하나로 꿰기 위한 질문, 즉 누가, 언제, 무엇을, 무슨 목적으로 만들려 했는지에 대해서는 어떤 설명도 할 수 없다는 뚜렷한 한계가 있다.

　필자의 연구에 의하면, 천불천탑은 2차원 관경16관변상도를 설계도 삼아서 운주골 대자연에 조성한 3차원 관경16관변상도이다. 따라서 천불천탑의 조성원리는 관경16관변상도의 소의경전인 《관무량수경》이다. 동서양 미술사를 통틀어 극락이나 천국을 그림이나 벽화로 표현한 예는 많았지만 대자연 속에 3차원 극락정토를 구현한 예는 운주사 천불천탑이 유일하다. 그렇다면, 왜 고려인들은 《관경》에 묘사된 아미타불의 서방정토를 운주골에 만들었을까? 그 이유가 무척 궁금하지만 이것은 나중에 짚어보기로 하고, 먼저 3차원 관경16관변상도인 천불천탑의 전체 구도(평면도)와 각 세부 공간에 배치된 조형물의 상징성을 파악해보자.(우리는 아미타 부처님의 집들이에 초대받았다. 운주골에 지은 아미타 부처님의 집이 어떻게 생겼는지 내부 구조와 인테리어를 살펴보자.)

고려 〈관경16관변상도〉 구성 및 도상에 의한 천불천탑 공간의 해석

앞에서 보인 서복사장 2차원 〈관경16관변상도〉의 화면 구성과 똑같이, 천불천탑은 크게 네 개의 공간(불회, 상배관, 중배관, 하배관)으로 구획된다. 여기에 더해서 〈관경16관변상도〉의 정선13관을 대표하는 제1관(일몰관)을 천불천탑 공간에서 찾아본다면, 와불이 있는 서쪽 능선을 따라서 일렬로 배치된 소나무 사이로 지는 해를 바라보는 것이다. 붉은 해를 보고 난 후에 눈을 감으나 뜨나 그 영상이 한결같이 보이면 그것이 바로 일몰관(일상관)이 된다.

〈관경16관변상도〉의 상배관 영역은 천불천탑 공간에서 북쪽 암벽에 새겨진 마애여래좌상-석불군 (마)-발형다층석탑-명당탑을 포함하는 영역으로, 이 공간은 최상급의 수행자가 왕생하는 아미타불의 서방정토이다.

〈관경16관변상도〉의 중배관 영역은 천불천탑 공간에서 칠층석탑-석조불감-원형다층석탑-석불군 (다),(라)-수직문 칠층석탑을 포함하는 영역으로, 중간급의 수행자가 왕생하는 아미타불의 서방정토이다.

〈관경16관변상도〉의 하배관 영역은 천불천탑 공간에서 동남쪽 산허리의 동냥치 탑-석불군 (가),(나)-구층석탑-쌍교차문 칠층석탑-광배석불좌상을 포함하는 공간으로, 최하급의 수행자가 왕생하는 아미타불의 서방정토이다.

그림 19. 오른쪽에 보인 고려 〈관경16관변상도〉의 구성처럼 천불천탑 공간은 네 개의 정토(불회, 상배관, 중배관, 하배관)로 구성되어 있다.

천불천탑의 중심축은 남북축이다

대승불교에서 아미타불의 정토(淨土·Pure Land)는 서쪽에 있다고 믿었다. 그래서 아미타불을 사찰의 금당(무량수전)에 안치할 때는 서쪽을 등지고 동쪽을 바라보도록 한다.(부석사 무량수전의 아미타불이 이렇게 배치되어 있다.) 다탑봉 계곡에 〈관경16관변상도〉에 묘사된 아미타불의 서방정토를 조성할 때도 아미타불이 서쪽을 등지고 동쪽을 바라보게끔 조각할 수 있었다면 더없이 좋았겠지만, 지형의 제약으로 인해 그렇게 할 수 없었다. 다탑봉 계곡은 동서축이 아닌 남북축을 따라 길게 형성되어 있고 북쪽은 암벽으로 가로 막혔기 때문이다. 따라서 천불천탑을 구성하는 네 개 공간의 중심축은 자연히 남북방향이 될 수밖에 없었다. 그래서 고려인들이 천불천탑을 조성할 때 상배관에 해당하는 북쪽 암벽에는 마애여래좌상(사실은 마애아미타불좌상)을 새겼고, 중배관에 해당하는 중심 공간의 석조불감(사실은

그림 20 (시계 방향으로) 천불천탑 공간의 네 영역(불회, 상배관, 중배관, 하배관)에 설치된 모든 조형물의 이름, 상징성 및 용도는 서복사장 〈관경16관변상도〉의 구성과 도상으로 명쾌하게 해석된다.

아미타불이 극락왕생자를 맞이하는 칠보궁전으로 일종의 접견실)도 남북축을 따라 세웠으며, 하배관에 해당하는 남쪽 들머리의 석탑(구층석탑, 칠층석탑)도 남북축을 따라 배치하였다.

 서쪽 능선의 부부 와불도 남북방향으로 조형함으로써 남북축을 따른 천불천탑의 배치구도에 통일감을 부여했다. 그런데 아래로 경사진 너럭바위에 부처의 머리는 남쪽에 두고, 결가부좌한 다리는 북쪽에 배치하여 조각하다 보니 불상의 머리가 다리보다 낮은 곳에 위치하게 되어 관람자가 부처님을 바라볼 때 약간 불편하다. 이처럼 조금 어색하게 조각할 수밖에 없었던 것은 너럭바위 형상이 비탈 아래로 기울어진 역삼각형 꼴이라는 지형의 제약 조건에서 비롯된 것 같다.(나중에 따로 자세히 설명하겠지만, 부부 와

63

불은 법회를 주관한 석가모니 부처와 10대 제자 가운데 한 명인 아난다이다.)

천불천탑은 아미타여래가 머무는 서방정토이다

천불천탑은 지금까지 세상에 알려진 모든 불화 가운데 비교대상이 없을 정도로 가장 크며, 대자연을 화폭으로 삼아 3차원 〈관경16관변상도〉를 완성했다는 점에서 매우 독특하다. 인도에서 탄생한 불교가 서역과 중국을 거쳐 신라로 들어왔을 때 불심 깊은 신라인은 부처님 공덕이 한량없는 불국토(정토)를 토함산에 불국사를 세워 구현했다면, 고려인은 아미타여래가 머무는 장엄한 서방정토를 운주골과 산허리에 천불천탑을 세워 꾸몄던 것이다. 북인도-서역-중국-한국-일본을 잇는 동아시아 불교의 큰 흐름 속에서 고려 불교의 정토신앙(Pure Land Buddhism)이 절정에 달했을 때 활짝 피어난 연꽃과도 같은 기념비적 유적이 바로 천불천탑이다.

천불천탑은 불교, 밀교, 도교의 사찰이라거나 별자리 신앙의 기도처, 또는 고대 천문 유적이 아니라 세계에서 유일한 3차원 극락정토화였던 것이다. 다음 편에는 천불천탑을 구성하는 네 개의 주요 공간, 즉 불회, 상배관, 중배관, 하배관에 설치된 여러 조형물(석탑, 석불, 석인상, 정토 장엄물)의 조형 원리와 상징성을 고려 〈관경16관변상도〉의 도상을 이용해서 설명하고자 한다.

부부와불, 이들은 누구인가

천불천탑은 고려의 서복사장 〈관경16관변상도〉를 설계도로 해서 다탑봉 계곡과 산허리에 조성된 3차원 〈관경16관변상도〉이다. 따라서 남북 길이: 500m×동서 폭: 200m로 이루어진 10만㎡(3만 평) 면적에 조성된 천불천탑은 서복사장 〈관경16관변상도〉와 똑같이 네 개의 정토(불회, 상배관, 중배관, 하배관)로 구획할 수 있다. 그럼, 지금부터 천불천탑의 네 개 정토에 설치된 조형물의 조형원리와 상징성을 살펴보기로 하자.

천불천탑 공간의 서쪽 영역은 석가모니 부처의 영산정토이다

첫 번째는 〈관경16관변상도〉의 윗부분에 그려진 석가모니 부처의 불회 영역이다. 이 장면은 석가모니 부처께서 영축산에서 《관무량수경》을 말씀하실 때 그를 호위하듯 둘러싸고 설법을 듣는 8대보살, 10대제자, 제석천·범천, 두 명의 공양보살, 16성중, 6대천왕 그리고 22보살과 부처의 설법을 증명하는 6방불을 그린 것이다. 한 단 아래에는 정토의 장엄물인 보배당과 보배나무가 좌·우에 각각 하나씩 배치되어 있고, 그 사이에 수많은 천인들이 천상의 음악을 연주하거나 춤을 추고 있다. 이러한 그림을 〈석가모니설법도〉 또는 〈석가모니불회도〉라고 부르는데, 부처를 중심으로 좌·우에 배치된 인물의 숫자를 똑같게 함으로써 화면은 완벽한 좌·우 대칭 구도를 갖는다. 자연에서도 흔히 볼 수 있는 대칭 구조는 그림에 질서와 균형, 안정감

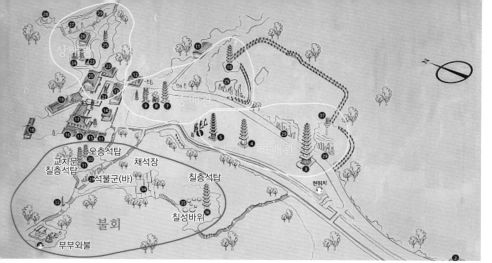

교차문
칠층석탑
오층석탑
채석장
석불군(바)
칠층석탑
칠성바위
부부와불
불회

그림 21. 서복사장 〈관경16관변상도〉의 석가모니 부처의 설법회에 해당하는 천불천탑의 불회 공간

을 주면서 대칭 중심에 집중하게 만든다.

천불천탑 공간에서 〈관경16관변상도〉의 불회 장면에 해당하는 지역은 〈그림 21〉에 보인 것처럼, 서쪽 산등성이에 배치된 부부 와불-시위불-거북바위 칠층석탑과 오층석탑-석불군 (바)-칠성바위-칠층석탑을 포함하는 영역이다. 나지막한 산의 능선과 산허리를 따라서 거대 와불과 수많은 석불, 석인상, 석탑을 적절한 위치에 배치하여 〈관경16관변상도〉에 묘사된 석가모니의 영산정토를 장엄하게 구현하였다.

부부 와불은 석가모니 부처와 아난이다

넓은 불회 공간에서 가장 중요한 조형물은 부부 와불로 불리는 거대 불좌상과 입상이다. 이 두 분의 이름을 서복사장 〈관경16관변상도〉의 도상을 이용해서 밝히려면, 불회 장면에서 제자, 보살의 이름과 배치 구도를 알아야 한다.

〈그림 22〉를 보면, 석가모니 부처에 가장 가까이 서있는 두 명의 제자가

그림 22. (왼쪽) 서복사장 〈관경변상도〉의 불회 장면에서 석가모니 부처와 두 제자(가섭, 아난), (가운데) 천불천탑의 거대 와불과 입상, (오른쪽) 석굴암의 아난존자 부조

눈에 띈다. 이들은 수행을 가장 잘하여 두타제일(頭陀第一)로 불린 가섭과 부처의 설법을 빠짐없이 듣고 모두 외워 다문제일(多聞第一)로 불린 아난이다. 두 제자는 석가모니 부처의 열반 후에 비구 500명이 모인 제1차 결집에서 경장(經藏)과 율장(律藏)을 편찬하는데 주도적인 역할을 하였다. 스승의 죽음 후에 자칫 흩어지거나 잘못 전해져 제멋대로 해석될 수도 있던 부처의 말씀과 승단의 계율을 제1차 결집을 통해서 체계적으로 기록해 둠으로써 이후 불교가 성립할 수 있었다. 그래서 불교에서 두 분의 위상은 기독교의 베드로와 사도바울에 버금간다 할 것이다.

불화에서는 부처를 기준으로 왼쪽, 오른쪽 방향이 정해지지만 관람자 시선 하고는 반대라서 헷갈릴 수 있으므로, 여기서는 관람자 시선으로 오른쪽이면 향우(向右), 왼쪽이면 향좌(向左)라 정하고 방향을 설명하였다. 1불+2제자+2보살로 이루어진 오존상(五尊像) 양식에서 석가모니 부처의 향우에는 연꽃을 든 관세음보살과 늙은 가섭을 두며, 향좌에는 정병을 든 미륵보살과 나이 어린 아난을 둔다. 그런데 서복사장 〈관경16관변상도〉의 불회 장면에서는 석가모니불의 향우에 관세음보살과 아난이, 향좌에 미륵보살과 가섭이 서 있다. 즉 10대 제자 가운데 맏형 격인 늙은 가섭과 나이 어린 아난의 위치를 바꿔 그린 것이 서복사본의 특징이다.

그러면 서복사본의 불회 도상으로 천불천탑 공간에서 거대 와불의 명호(이름)을 밝혀보자. 서복사본에서 석가모니 부처는 우견편단(오른쪽 어깨를 드러냄)으로 가사를 걸치고 손동작은 관무량수경을 설하는 설법인(說法印)의 자세를 취한 채 연화대좌 위에 결가부좌 자세로 앉아 있다. 이 모습 그대로 서쪽 능선의 너럭바위에 조각한 것이 길이 12m의 거대 와불이다. 얼굴 모양, 우견편단의 가사, 결가부좌 자세를 비롯한 전체적인 모양새가 서복사본의 석가모니 부처와 거의 똑같다. 다만 거대 불좌상의 수인(손동작)이 대충 표현되어 있어 설법인인지 지권인인지 파악하기가 어렵지만, 서복사본을 따른다면 설법인으로 파악된다.

다음에는 거대 와불(석가모니불좌상)의 바로 옆에 시립한 입상의 명호를 밝혀보자. 입상은 불좌상의 향우에 있기에, 서복사본에 의하면 입상의 명호는 관세음보살 아니면 아난이다. 그런데 입상의 복장을 잘 살펴보면 보살의 복장이 아니라 비구의 복장이므로 아난일 가능성이 매우 높다. 이것은 석굴암 본존불 주위에 부조로 새겨진 아난존자 상에서 확인할 수 있다. 석굴암의 아난존자는 가사를 통견으로 입었다. 왼팔로 살짝 감아올린 가사는 길이방향으로 늘어져 있고 오른팔 아래 가사는 대각선 방향으로 주름이 잡혀 있어 입상에서 느껴질 수 있는 뻣뻣함과 단조로움을 피했다. 이 모습 거의 그대로 조각한 것이 길이 10m의 입상이다. 앳된 얼굴, 선한 눈매, 약간 웃음기를 머금은 듯한 입술, 가사 왼쪽과 오른쪽의 주름 방향은 석굴암의 아난존자와 완전 판박이다. 다만 차이가 있다면 천불천탑 입상의 왼팔은 가사 밖으로 노출됐다는 것뿐이다. 따라서 천불천탑의 불회 공간에 있는 입상의 명호는 아난으로 판단된다.

시위불은 10대제자의 맏형, 마하가섭이다

이어서 천불천탑 공간에서 석불군 (바)를 지나 부부 와불이 있는 능선을 향해 조금 오르다 보면 오른쪽 길 옆에 세워진 시위불(일명 머슴부처)의 명호를 파악해보자. 운주사를 발굴 조사한 전남대 박물관의 발굴보고서에 의하면, 이 시위불은 와불(석가모니불좌상)의 향좌에 있던 너럭바위에 조각한 다음 떼어내 세운 것 같다고 한다. 이 주장을 그대로 받아들인다면, 시위불은 마하가섭을 표현한 것으로 판단된다.

서복사장 〈관경16관변상도〉에서 석가모니불의 향좌에 시립한 이가 가섭인데 나이 탓에 다소 쇠약한 모습으로 그려졌다. 그는 우견편단으로 가사를 착용하였는데 왼쪽 어깨에서 오른쪽 무릎 아래로 길게 내려간 옷에는 주름이 심하다. 정강이 부근에서 살짝 드러난 속옷은 장삼으로 짐작되는데 세로방향으로 길게 늘어졌다. 오른팔을 접어 오른손을 왼쪽 가슴 앞에 두었다. 이 늙은 비구의 모습은 시위불에 고스란히 표현되었다. 시위불의 얼굴은 다소 넓적하고 깊은 사색에 잠긴 듯 두 눈은 가늘게 뜨고 입은 굳게 다물었는데, 이는 중국의 성당시기에 만든 둔황석굴(제45굴)의 마하가섭의 모습과 많이 닮아 보인다. 그러나 높이 6m인 시위불을 거대 불좌상의 향좌에 배치해 보면, 석가모니불좌상 및 아난존자상에 비해서 크기가 너무 작다. 삼존상 사이에 비례가 너무 맞지 않기 때문에 과연 이 시위불이 정말로 거대 불좌상 옆에서 떼어낸 것이 맞는지부터 보다 세밀한 조사가 필요할 것 같다.

그림 23. (왼쪽) 둔황석굴(제45굴)의 마하가섭 소조상, (가운데) 천불천탑의 시위불, (오른쪽) 서복사장 〈관경16관변상도〉의 가섭존자

불회 공간의 석탑은 8대보살을 상징한다

서쪽 산 능선의 암반에 새겨진 부부 와불(석가모니불좌상과 아난존자상) 앞에 서서 불회 공간을 살펴보면, 산허리의 좌측(북쪽)과 우측(남쪽)에 다수의 석탑이 세워져 있는 것을 볼 수 있다. 현재 온전한 상태의 석탑은 북쪽의 거북바위에 2기(오층석탑과 교차문 칠층석탑)가 있고 남쪽의 칠성바위 옆에 1기(칠층석탑)가 있다. 그런데 전남대의 발굴조사 결과에 의하면, 북쪽의 거북바위 근처에서 석탑 1기의 흔적이 발견되었고, 남쪽의 칠성바위 근처에서 석탑 3기의 흔적이 발견되었다. 따라서 사라진 석탑까지 감안하면, 부부 와불의 북쪽에 석탑 3기, 남쪽에 석탑 4기가 배치되었던 것으로 파악된다. 이 영역을 서복사장 〈관경16관변상도〉에 묘사된 불회 공간(석가모니 부처의 영산정토)으로 해석한다면, 16관변상도의 화면구성은 완벽한 좌우대칭 구도를 이루기 때문에 북쪽에도 4기의 석탑이 배치되어 있어야 할 것

70

그림 24. 천불천탑 불회 공간(거북바위)의 석탑 2기와 석불군 (바) (출처: 조선고적도보, 六, 1917년)

같다. 만약 북쪽에서 1기의 석탑 흔적이 추가로 발견된다면 불회 공간의 석탑은 북쪽에 4기, 남쪽에 4기가 되어 완벽한 좌우 대칭 구도를 이루며, 이것은 서복사장 〈관경16관변상도〉에 묘사된 8대보살을 석탑 형식으로 표현한 것이라 짐작된다.

이렇게 판단하는 근거는 다음과 같다. CE 1세기 무렵, 쿠샨 제국의 간다라에서 사람 모습을 한 불상이 처음 등장하기 전에는 석탑은 석가모니 부처의 화장 후 뼛가루를 모신 곳으로 석가모니 부처의 몸을 상징했다.

또, 나중에 천불천탑의 기하 문양을 다룰 때 자세히 설명하겠지만, 이곳 거북바위 위에 세워진 칠층석탑의 탑신을 장식한 교차문(X)은 서역의 석굴 벽화에서 석가모니 부처가 좌정한 금강대좌를 장식하는 장엄 문양으로 흔히 사용된 문양이다. 이 두 가지 측면을 감안한다면, 석가모니 설법회의 주요 참석인물인 8대보살을 천불천탑 공간에서 8기의 석탑으로 표현했을 가능성은 매우 높다고 판단되며, 2차원 변상도에서 보살의 모습을 3차원 공간에서 석탑으로 표현한 것은 대단히 창의적인 발상이라 생각된다.

석불군 (바)는 부처의 설법을 찬양하는 화신불과 비구들이다

다음은 석불군(바)의 조성원리를 살펴보자. 서복사장 〈관경16관변상도〉의 불회 장면에는 부처의 주위에 배석하여 설법을 듣는 인물로 8대보살, 10대제자, 16성중, 6대천왕, 22기타보살, 6방불이 있고, 한 단 아래에는 천상의 음악을 연주하는 천인들과 춤을 추는 천인이 그려져 있다.

서복사장 〈관경16관변상도〉에 그려진 16성중은 16명의 비구승 또는 16나한을 그린 것으로 이들은 부처의 설법을 듣고 깨달음을 얻은 자이다. 이들은 장삼 위에 가사를 통견으로 걸치고 두 손을 공손히 가슴 앞으로 모은 합장 자세를 취하고 있다. 무리 가운데 맨 뒤의 비구 1명은 가사를 우견편단으로 걸치고 오른손을 왼쪽 가슴 앞으로 들어올렸는데 나이가 든 늙은 비구를 표현한 것이다.

한편, 천불천탑 공간에서 석불군 (바)의 석상을 형태별로 크게 구분하면, 좌대에 앉은 화신불과 합장 자세의 석인상 2종류이다. 현재 학계에선 천불천탑 공간에서 암벽에 기댄 모든 석조 인물상을 불상이라 부르지만, 필자가 판단하기엔 좌대에 앉은 화신불과 합장 자세로 서 있는 석인상으로 구별해야 하며 이 석인상이 〈관경16관변상도〉의 비구(성중)를 표현한 것이라 본다. 화신불과 비구는 거북바위 아래 오밀조밀 밀집한 채 거대 와불(석가모니 부처)을 바라보고 있다. 이것은 석가모니 부처의 설법을 듣고 찬양하는 여러 화신불과 비구의 모습을 표현한 것으로, 서복사장 〈관경16관변상도〉의 도상을 서쪽 산허리 암반의 지형에 맞춰 창의적으로 조성한 것이다. (석

그림 25 (위) 서복사장 〈관경16관변상도〉의 불회 장면에서 16성중, 주악천인 및 춤추는 천인을 보여준다. (아래) 천불천탑의 석불군 (바)는 석가모니 부처(거대 와불)의 설법회에 참석한 화신불과 비구를 표현한 것이다.

불군 (가)-(바)의 상징성에 대해서는 제3장 나는 보살이 아니라 비구입니다 편에서 더 자세히 다룰 것이다.)

다음 편에서는 북두칠성 바위로 알려진 거대 원반형 석재의 용도 및 상징성을 고려 〈관경16관변상도〉의 도상으로 해석할 것이다.

칠성석은
북두칠성 별자리가 아니다

운주골을 따라서 남북 길이: 500m, 동서 폭: 200m로 이루어진 10만㎡ (3만평) 면적의 천불천탑 공간에서 부부 와불이 조각된 서쪽 산은 영축산에서《관무량수경》을 설하는 석가모니 부처의 영산정토이다. 앞편에서는 이 공간에 설치된 주요 조형물, 즉 부부 와불, 시위불, 석탑, 석불군 (바)의 상징성을 서복사장 〈관경16관변상도〉의 불회 도상으로 명쾌하게 해석할 수 있음을 보였다. 이제 남은 것은 서쪽 산허리 비탈에 놓여있는 일곱 개의 거대한 원반형 석재, 일명 칠성바위뿐이다.

그림 26. 천불천탑 공간에서 서쪽 산허리에 배치된 일곱 개 원반석은 북두칠성을 상징하는 천문 유적일까?

칠성바위는 밤하늘의 북두칠성을 지상에 재현한 천문 유적일까?

소설 「장길산」의 마지막 무대로 등장하여 세인의 관심을 끌기 시작한 천불천탑은, 1999년 4월에 방영된 KBS1 역사스페셜 〈새롭게 밝혀지는 운주사 천불천탑의 비밀〉로 다시 한 번 큰 주목을 받았다. 이 방송에서 일곱 개의 거대한 원반석은 다름 아닌 북두칠성의 일곱 개 별자리를 상징한다는 어느 천문학자의 깜짝 놀랄 만한 주장이 소개되었던 것이다. 실제로 7개 원반석의 배치 형태는 국자 모양의 북두칠성을 빼다 박았다 할 만큼 매우 닮았다. 더 놀라운 것은 북두칠성을 구성하는 일곱 개 별의 밝기 등급에 비례하여 7개 원반형 석재의 크기(직경)에 변화를 주었다는 것이다. 역사스페셜은 여기서 한 걸음 더 나아가 칠성바위에서 북쪽으로 50m 거리에 있는 거대 와불이 북극성을 의인화한 치성광여래(熾盛光如來)를 상징하며, 칠성바위와 거대 와불이 한 세트가 되어 치성광여래신앙, 즉 별자리 신앙의 증거라는 또 다른 젊은 학자의 주장까지 덧붙였다.[1]

서쪽 산허리에 놓여있는 7개의 원반형 석재는 북두칠성 별자리를 나타낸 것이며, 칠성바위와 거대 와불은 별자리 신앙의 유적이라는 주장은 천불천탑 미스터리를 풀기 위해 노력했던 관련 학계로부터 점차 인정을 받게 되었고, 현재는 거의 정설처럼 굳어졌다. 그래서 2017년 문화재청이 천불천탑을 유네스코 세계유산 후보로 등재시키기 위해 제시한 천불천탑의 탁월

---

1) 치성광여래신앙: 인도의 전통 별자리 신앙에다 중국 도교의 북극성 신앙을 섞어 만든 기복적 성격의 불교신앙으로, 8세기 후반에서 9세기 초(중국의 당대)에 탄생하였다. 아미타 정토신앙이 인간의 구원과 내세의 문제를 해결하기 위해 탄생했다면, 치성광여래신앙은 수명장수, 소원성취, 환난회피와 같은 현세의 문제를 해결하기 위해 만들어졌다. 이 영성신앙은 9세기 후반-10세기 초에 고려에 전해졌지만 크게 유행한 것은 11세기 중반부터이다. 14세기의 고려 〈치성광여래강림도〉 한 점이 보스턴 미술관에 소장되어 있다.

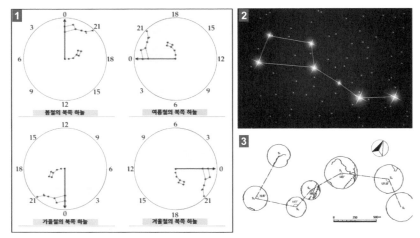

그림 27. (1)계절과 시간대별 북극성과 북두칠성의 상대 위치, (2)밤하늘의 북두칠성, (3)천불천탑 공간에서 7개 원반형 석재의 배치도 (천문학 논총, p114, v10, n1, 1995)

성 및 보편가치(OUV)에는 칠성바위가 세계에서 유래를 찾아보기 힘든 탁월한 천문 유적이라는 내용도 포함되어 있다.

그러나 필자가 운주사 천불천탑을 연구하면서 '칠성바위의 북두칠성 별자리설' 및 '치성광여래신앙의 유적설'을 검토한 결과, 다음과 같은 몇 가지 치명적인 결함을 갖고 있음을 알게 되었다.

첫째, 〈그림 27〉의 (3)에 보인 것처럼, 칠성바위의 7개 원반석의 배열 형태는 얼핏 보면 국자 모양의 북두칠성 별자리를 닮은 듯 보이지만 실제로는 북두칠성의 거울상(mirror image)이라는 것이다. 즉 밤하늘에 자리한 북두칠성을 묘사한 것이 아니라 거울이나 호수에 비친 북두칠성을 재현했다는 것이다. 더 풀어서 얘기하면, 밤하늘의 북두칠성은 국자를 엎어놓은 모양인데, 천불천탑의 칠성바위는 국자를 바로 놓은 모양새다. 칠성바위가 북두칠성을 이루는 일곱 개 별의 밝기뿐만 아니라 별과 별 사이의 방위각까지 거의 비슷하게 재현했을 만큼 정밀한 천문 유적이라면, 뒤집힌 국자모양의 북두칠성을 바로잡은 모양새로 칠성바위를 배치한 까닭은 무엇일까? 이것은 참으로 납득하기 어려운 사태인 것이다. 칠성석의 북두칠성 별자리설을 주장한 이도 이러한 사실을 이미 알고 있었다. 그래서 칠성석이 '북두칠성이 지상에 그림자를 드리운 듯한 모습의 배열상태'를 하고 있다고 해석하였고, 현재 운주사 천불천탑의 칠성석 안내판에도 이처럼 설명되어 있다.

주장의 문제점 : 이 설명은 대단히 애매모호하고 비과학적인 표현이다. 별이 지상에 자신의 그림자를 드리운다는 것은 시구에서나 등장할 법한 표현이다. 왜냐하면 별이 지상에 그림자를 드리우는 것은 물리적으로 불가능하기 때문이다. 그림자를 드리울 수 있는 유일한 방법은 호수나 거울과 같은 반사면에 자신을 비추는 것이다. 그런데 고려시대에는 운주사 일대에 별빛을 비출만한 호수가 없었다. 지금에야 나주호와 저수지가 산을 한두 개 넘는 거리에 있지만 그것조차 운주사 와불 일대에서는 보이지도 않는다. 그렇다면 고려인은 호수 대신 청동거울에 비친 북두칠성을 보면서 7개 원반석을 배치했을까? 이것도 가능성이 거의 없어 보인다. 캄캄한 밤에 청동거울에 북두칠성이 비춰질까도 매우 의심스럽지만, 무엇보다 멀쩡한 밤하늘의 북두칠성을 놔두고 굳이 청동거울로 어렵사리 북두칠성을 비춰가면서 칠성석을 배치할 이유는 전혀 없다고 생각된다.

둘째, 칠성바위와 거대 와불(북극성)이 별자리 신앙의 증거라는 주장

주장의 문제점 : 큰곰자리의 북두칠성과 작은곰자리의 꼬리 끝에 해당하는 북극성(polaris)은 늘 일정한 거리와 방향을 유지하고 있다. 〈그림 28〉의 위쪽 그림은 북반구에서 볼 수 있는 여름철 밤하늘의 별자리를 보인 것이며, 아래 그림은 수많은 별에서 북극성을 찾는 방법을 설명한 것이다. 북극성을 찾으려면, 국자 모양을 빼닮아 찾기 쉬운 북두칠성과 W자 모양의 카

그림 28. (위) 자정무렵, 북반구의 여름철 별자리, (아래) 여름철 별자리에서 북극성을 찾는 방법

시오페이아 별자리를 찾는 일부터 시작한다. 이 두 별자리에서 각기 특정한 별 사이의 거리를 1이라 했을 때(북두칠성을 예로 들면, 〈그림 28〉의 아래에 보인 국자 부위의 α-β 별 사이의 거리를 1로 본다), 이 기준 길이를 앞쪽으로 연장하여 5배에 해당하는 위치에 북극성이 있다. 칠성바위가 북두칠성의 일곱 개 별의 밝기뿐만 아니라 심지어 방위각까지 고스란히 재현했을 만큼 정교한 천문 유적이라면, 칠성바위와 거대 와불(북극성)은 기준 길이의 대

78

략 5배만큼 서로 떨어져 있어야 할 것이다.

칠성바위에서 α-β 별에 해당하는 두 개 원반석의 중심 간 거리를 재면 5.83m이다. 이를 반올림해서 6m라고 하면, 거대 와불은 칠성바위에서 직선으로 6m×5=30m 거리에 있어야 한다. 그러나 실제 지도에서 두 조형물 간 직선거리를 측정하면 50m이다. 마치 밤하늘의 북두칠성을 떼어내 땅에 박았다 싶을 만큼 실제와 비슷하게 칠성바위를 제작한 고려 천문 집단의 실력이라면 북두칠성과 북극성간 거리에서 +67% 오차를 발생시키지는 않을 거라는 게 필자의 판단이다.

셋째, 칠성석의 북두칠성 별자리설 및 치성광여래신앙의 유적설로 그나마 그럭저럭 설명할 수 있는 천불천탑 조형물은 이게 전부라는 게 더 큰 문제이다. 천불천탑 공간에 배치된 천 개의 석탑과 천 개의 불상은 전체 조형물을 관통하는 어떤 하나의 조성원리나 배경사상에 의해 조성됐을 것이다. 그래서 칠성석의 북두칠성 별자리설에서 한 단계 더 나아간 주장이 고대 천문도설이다. 이 주장에 의하면, 천불천탑 공간에 설치된(현재까지 온전히 남아 있는 약 18기의) 석탑들은 밤하늘의 1등성 밝기를 갖는 별들의 위치를 나타낸다는 것이다. 즉, 천불천탑은 세계에서 유래가 없는 천문도라는 주장이다. 그러나 이 주장은 너무 많은 허점이 지적되어 얼마 안 가서 용도 폐기되었다. 지난 30여 년에 걸쳐 천불천탑 유적에 관해 적지 않은 연구가 있었지만 아직까지 해결하지 못한 가장 큰 숙제는, 구슬이 서 말이어도 꿰어야 보배란 속담도 있듯이, 천불천탑 공간에 세워진 전체 조형물을 하나로 꿸 수 있는 배경사상을 파악하는 것이다. 누가, 언제, 무슨 목적으로 세웠는지도 밝혀내야 하지만 이것은 배경사상을 파악한 다음에야 풀 수 있는 숙제인 것이다.

천불천탑 공간은 고려 후기에 만든 서복사장 〈관경16관변상도〉를 설계도 삼아서 운주골 대자연에 펼친 3차원 〈관경16관변상도〉로 판단된다. 제2장에서 설명한 바와 같이, 이 불화의 주제는 서방정토 극락왕생이다. 천불천탑 전체 공간은 서복사장 〈관경16관변상도〉의 구성처럼, 불회, 상배관, 중배관, 하배관으로 이뤄진 네 개의 정토로 구획할 수 있으며, 각 정토에 설치된 모든 조형물(석탑, 석불, 석인상, 정토 장엄물)의 상징성은 〈관경16관변상도〉의 도상으로 명쾌하게 설명할 수 있다.

칠성바위는 7층보배나무탑의 옥개석이다

서복사장 〈관경16관변상도〉의 석가모니 설법회 장면을 그대로 재현한 것이 천불천탑의 서쪽 영역, 즉 부부 와불-시위불-거북바위 석탑-석불군 (바)-칠성바위-칠층석탑을 에워싼 공간이다. 앞의 글에서 부부 와불, 시위불, 석탑, 석불군 (바)의 상징성을 서복사장 〈관경16관변상도〉의 도상으로 명쾌하게 해석할 수 있음을 보였다. 이제 마지막 남은 일곱 개 원반석의 상징성을 고려 〈관경16관변상도〉의 도상으로 깔끔하게 해석해 보자.

앞장에서 보인 서복사장 〈관경16관변상도〉의 석가모니 설법회 장면(《그림 15》)을 자세히 살펴보자. 불보살, 제자, 성중, 천왕이 운집한 곳의 한단 아래에는 불회를 장엄하기 위한 보배나무와 보배당이 각 1기씩 좌우에 배치되어 휘황한 광채를 내뿜고 있다. 이 부분을 크게 확대한 〈그림 25〉에서 볼 수 있는 것처럼, 보배나무는 마치 크리스마스 트리처럼 생겼으며 보배 열매와 황금빛 꽃송이가 트리 장식처럼 층층이 매달려 휘황찬란한 빛을 발하고 있다. 보배나무의 생김새는 《관무량수경》에서 서방정토를 관상하는 13가지 방법(정선13관) 가운데 네 번째에 해당하는 제4보수관에 자세히 서술되어 있으며, 이를 그림으로 옮긴 것이 서복사장 〈관경16관변상도〉의 제4보수관 그림이다. 이를 〈그림 29〉의 (4)에 보였는데, 그림에서 볼 수 있듯이

그림 29. (1) 인송사장 관경16관변상도(고려, 1323년): 정토 장엄물의 하나인 보배나무가 아미타불의 좌우에 각 1기씩 세워져 휘황찬란한 빛을 내뿜고 있다. (2) 관경16관변상도의 도상으로 해석하면, 천불천탑의 부부 와불은 석가모니부처와 아난이다. (3) 천불천탑의 칠성바위는 석가모니 부처의 영산정토를 장엄하기 위한 7층보배나무 탑의 옥개석이다. (4) 서복사장 관경16관변상도의 제4보수관의 보배나무

보배나무는 산딸나무처럼 층층나무이며 층수를 세어 보면 7층이다.

　독자의 빠른 이해를 돕기 위해서, 서복사장 〈관경16관변상도〉의 제4보수관의 7층 보배나무와 거의 똑같이 생긴 보배나무가 등장하는 또 다른 고려 〈관경16관변상도〉, 즉 인송사본(1323년 제작)의 도상으로 7개 원반석(칠성석)의 상징성을 설명해보자.

　〈그림 29〉는 석가모니불의 설법회 대신에 아미타불의 극락회를 표현한 것으로, 제9관(진신관)부터 제13관(잡상관)까지를 하나의 화면에 그려 넣어 마치 아미타불이 극락회를 여는 것처럼 그린 것이다. 아미타불은 구품인의

자세로 중앙의 8각 연화대좌에 결가부좌하였고, 대좌 아래에는 비구가 서 있다. 이것은 서복사본의 석가모니 부처와 아난존자에 대응되는 도상으로 이 모습 그대로 천불천탑 공간에 조각한 것이 바로 부부 와불임을 이 글의 〈그림 22〉 설명에서 밝힌 바 있다. 아미타불의 극락회 화면에서 주목해야 할 것은 아미타불의 좌우에 한 그루씩 서있는 보배나무이다. 휘황찬란한 빛을 내뿜고 있는 보배나무는 석가모니 부처의 설법회나 아미타불의 극락회를 장엄하기 위한 장식물로, 석가모니불의 영산정토와 아미타불의 서방정토에는 '반드시' 좌우에 똑같은 개수로 세워져 있다. 정토 장엄물이 좌우동수인 이유는 〈16관변상도〉가 완벽한 좌우대칭 구도의 종교화이기 때문이다.

천불천탑 공간에서 서쪽에 자리한 산 능선에다 석가모니불좌상과 아난의 입상을 조각한 거대 암반 일대는 영축산에서 《관무량수경》을 설하는 석가모니불의 영산정토이며, 이곳에는 '반드시' 보배나무가 세워져 있어야 한다. 이제 독자 여러분도 눈치를 챘겠지만, 서쪽 산허리에 흩어져 있는 7개의 원반석은 2차원 〈관경16관변상도〉의 7층 보배나무를 3차원 공간에 세우기 위해 원반형 석탑양식으로 만든 보배나무7층석탑의 지붕돌(옥개석)이다. 〈16관변상도〉의 7층 보배나무를 원반형 석탑으로 구현한 고려 장인의 뛰어난 창의성에 감탄하지 않을 수 없다.

보배나무 칠층석탑은 미완성 탑이었다

7개의 원반형 석재가 지금까지 세상에 알려진 것처럼 북두칠성을 상징하는 것이 아니라 보배나무탑(보수탑)의 지붕돌 7개라면, 왜 여기에는 석탑의 지붕돌만 남아 있고 탑신은 없는 걸까? 7층보수탑은 천불천탑 조성 당시에 완공된 탑이었을까? 아니면 미완성 탑이었을까? 이 질문에 대한 필자의 판단은 지붕돌만 제작하고 탑 세우기를 포기한 미완성 탑이었을 가능성이 매우 높다는 것이다. 이렇게 판단하는 근거는 다음과 같다.

첫째, 고려 〈관경16관변상도〉의 정토 장엄물에는 (크리스마스 트리처럼 생긴) 보배나무, (스탠드 옷걸이처럼 생긴) 보배당, (등받이 없는 의자(stool)처럼 생긴) 연화대가 있다. 각 장엄물의 개수는 반드시 짝수여야 하며, 좌우 동수로 배치되어 대칭 구도를 이룬다. 따라서 천불천탑의 와불 영역(석가모니불의 영산정토)에도 원반형 7층석탑이 거대 와불(석가모니불)의 좌우에 하나씩 있어야 한다. 만약 전남대 박물관의 운주사지와 천불천탑 발굴조사 때, 북쪽의 거북바위 근처에서 원반형 석재의 일부 조각이라도 발견되지 않았다면 지금처럼 남쪽 산허리에만 원반형 7층보수탑의 지붕돌이 있게 되는데, 이것은 완벽한 좌우대칭 구도라는 〈관경16관변상도〉의 화법에는 맞지 않는다. 따라서 내 판단으로는, 채석장에서 가까운 남쪽 산허리에다 높이가 12m나 되는 석가모니불좌상에 어울리는 거대한 크기로 7층보수탑을 세우려다 실패하는 바람에 맞은편 거북바위 쪽에는 세울 시도조차 하지 않았던 것 아닌가 싶다.

둘째, 천불천탑 공간을 구성하는 네 개의 정토(불회, 상배관, 중배관 하배관)마다 정토 장엄물인 원반형 보배나무7층석탑이 좌우에 하나씩, 최소 2기가 세워졌을 것이다. 현재 원형에 가깝게 보존된 원반형 7층보수탑은 딱 1기가 살아남았다. 그것은 바로 석조불감 가까이에 세워진 원형다층석탑으로, 원래 7층 석탑이었지만 최상층이 사라져 현재는 6층만 남아있다. 이 석탑의 옥개석 6개와 칠성바위의 옥개석 7개의 평균 직경 및 1층부터 7층까지 옥개석의 평균 직경을 크기가 가장 큰 1층 옥개석의 평균 직경으로 나눈 값(즉, 옥개석 직경의 상대비율)을 〈표 2〉에 나타내었다.

〈표 2〉 원형다층석탑의 옥개석과 칠성바위 원반석의 직경 및 직경의 상대비율

층	부재	원형다층석탑		칠성바위	
		직경 (m)	상대 비율	직경 (m)	상대 비율
1	옥개석	2.834	1	3.84	1
2	옥개석	2.339	0.825	3.335	0.868
3	옥개석	2.222	0.784	3.275	0.852
4	옥개석	1.899	0.670	2.915	0.759
5	옥개석	1.791	0.632	2.78	0.724
6	옥개석	1.540	0.543	2.335	0.608
7	옥개석	-	-	2.335	0.608

　　옥개석 직경의 상대 비율로부터 재미난 사실을 발견할 수 있는데, 원반형 옥개석의 직경은 1층부터 7층까지 일정한 비율로 감소하는 단조감소가 아니라 불연속 감소를 보인다는 것이다. 예를 들면, 칠성바위의 7개 원반석의 직경은 크게 네 그룹으로 나뉘어 불연속 감소한다. 즉 1층, 2-3층, 4-5층, 6-7층이 1.0 → 0.85 → 0.75 → 0.6과 같이 계단식으로 직경이 감소한다. 이것은 원반형 7층보수탑의 옥개석을 만들 때 석수장이들을 4개의 그룹으로 나누고, 각 그룹마다 특정 크기의 옥개석을 맡겨 제작했음을 암시한다. 예를 들면, (가) 그룹의 석수장이들은 1층을, (나) 그룹은 2-3층을, (다) 그룹은 4-5층을, (라) 그룹은 6-7층을 맡는 식이다. 이것은 일종의 분업이었는데, 이렇게 해야만 짧은 기간 안에 천불천탑을 세울 수 있었을 것이다. 서쪽 산허리에 거대한 7층보수탑을 세우기 위해서 4개 그룹의 석수장이들은 제각기 채석장에서 자신들이 맡은 1개 또는 2개의 원반형 석재를 만든 다음, 〈그림 30〉의 (2)에 보인 것처럼, 석탑을 세울 자리에 힘들게 끌어다 놓았을 것이다. 현재 칠성바위로 불리는 7개 원반석의 배열 상태로부터 어느

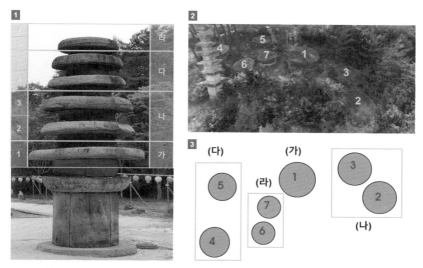

그림 30. (1) 〈관경16관변상도〉에서 극락정토 장식물인 7층보배나무를 3차원 공간에 세우기 위해 석탑 형식으로 만든 것이 7층의 원형다층석탑이다. (2) 북두칠성 바위로 알려진 7개 원반석은 석가모니 부처의 영산정토 장엄용 7층보배나무탑의 옥개석이다. (3) 7개 원반석은 공기단축을 위해 (가)-(라)의 4그룹에서 각기 한두 개씩 맡아 제작하고 석탑을 세울 장소에 끌어다 놓았을 뿐인데 우연히 북두칠성 별자리를 닮아 오해를 불러 일으켰다.

그룹이 먼저 원반형 옥개석을 완성하여 현재 위치로 끌어다 놓았는지 추정할 수 있다.

1등은 당연히 1층 옥개석 1개를 제작한 (가) 그룹이다. 2등은 크기가 가장 작아 제작이 비교적 쉬운 6-7층 옥개석을 맡은 (라) 그룹이다. 그런데 이들은 눈치 없이 맨 나중에 들어올려야 하는 6-7층 옥개석을 1층 옥개석의 왼쪽에 바싹 붙여 놓았다. 3등은 아마도 2-3층 옥개석을 맡은 (나) 그룹으로 보인다. 이들은 1층 옥개석에서 가까우면서 비어있는 오른쪽에 끌어다 놓았다. 4등(꼴지)은 4-5층 옥개석을 맡은 (다) 그룹으로 짐작된다. 1층 옥개석의 좌우에는 이미 2-3층과 6-7층 옥개석이 자리를 잡고 있어서 이들은 어쩔 수 없이 1층 옥개석에서 가장 멀리 떨어진 왼쪽 빈자리에 4-5층 옥개석을 갖다 놓을 수밖에 없었다. 이렇게 해서 현재와 같은 칠성바위 배치 구도가 만들어졌다는 게 필자의 판단이다.

셋째, 〈관경16관변상도〉의 도상에 의하면, 칠성바위는 석가모니불의 영산정토를 장엄하기 위한 7층보수탑의 부재임에 틀림없다. 그런데 석탑을 세우려면 옥개석뿐만 아니라 탑신석 7개와 기단석도 필요하다. 하지만 현재 칠성바위가 놓여있는 산비탈에는 탑신석이나 기단석으로 보이는 석재는 전혀 보이지 않는다. 도대체 왜 이렇게 됐을까? 만약 고려인들이 천불천탑 조성 당시에 거대한 7층보수탑을 세우는 데 성공했다고 가정하면, 지금처럼 땅바닥에 흩어져 있는 7개의 옥개석은 후대에 석탑이 무너져 내렸다는 것을 의미한다. 거대한 석탑이 무너지면 석탑을 구성하는 기단석, 원반형 옥개석, 원주형 탑신석은 기단 주변에 무질서하게 흩어졌을 가능성이 매우 높고 현재와 같이 직경이 비슷한 원반형 옥개석이 2개씩 짝을 지어 땅바닥에 배열될 확률은 매우 낮을 것이다. 뿐만 아니라 충격에 의해 금이 가거나 깨진 옥개석도 생길 것이고, 원주형 탑신석도 최소 1-2개는 남아있어야 하지 않을까 싶다. 그런데 탑신석과 기단석은 전혀 보이지 않고 크기가 비슷한 옥개석끼리 한 쌍을 이뤄 배열되었다는 것은 천불천탑 조성 당시에 7층보수탑을 완성하지 못했다는 것을 암시한다. 짐작하건대, 그것은 아마도 원반석의 무게 때문인 듯하다. 칠성바위는 크기가 가장 작은 옥개석(7층)의 직경이 2.3m이고 가장 큰 옥개석(1층)의 직경은 3.8m이며 돌 두께는 한 뼘이 넘는 35cm쯤 된다. 무게를 추정하면 작은 돌이 12톤, 큰 돌은 20톤쯤 나갈 거라고 한다. 예상보다 훨씬 무거운 돌을 석탑을 세울 장소까지 힘들게 끌어다 놓긴 했지만 고려시대의 건축 장비로는 산비탈에 (만약 완성되었다면 전체 무게가 200톤에 달할 것으로 예측되는) 초대형 석탑을 세울 방도가 없어서 결국 포기한 것이 아닐까 싶다. 칠성석의 정체를 자세히 파헤치다 보니 이야기가 길어졌다. 천불천탑을 구성하는 네 개의 정토 가운데 첫 번째 정토인 석가모니의 불회 공간에 설치된 칠성바위의 정체는 다음과 같이 요약할 수 있다.

천불천탑의 서쪽 공간은 석가모니불의 영산정토이다. 모든 부처의 정토에는 장엄물의 일종인 보배나무가 짝수로 세워져 있다. 현재 천불천탑의 서쪽 산허리에 있는 7개의 원반형 석재는 북두칠성 바위가 아니라, 2차원 〈관경16관변상도〉의 보배나무를 3차원 공간에 설치하기 위해서 원반형 석탑양식으로 만든 7층보수탑의 지붕돌이다. 영산정토의 주인인 12m 길이의 석가모니불(거대 와불)의 크기에 걸맞게 거대하게 설계된 7층보수탑은 옥개석의 엄청난 무게로 인해 결국 세우지 못한 미완의 석탑으로 남게 되었다.

발형다층석탑은
극락정토의 장엄물이다

천불천탑은 운주골의 펑퍼짐한 골짜기와 이를 두 팔로 부드럽게 감싸 안은 산을 화폭 삼아서 3차원으로 조성된 〈관경16관변상도〉이다. 따라서 천불천탑 전체 공간은 고려 〈관경16관변상도〉의 화면 구성과 똑같이 네 개의 정토(불회, 상배관, 중배관, 하배관)로 구획할 수 있다. 거대 와불(석가모니불)이 좌정한 불회(佛會) 공간은 석가모니 부처의 영산정토이며, 상배관(上輩觀), 중배관(中輩觀) 및 하배관(下輩觀)은 아미타불의 서방정토이다.

〈관경16관변상도〉의 소의경전인 《관무량수경》에 의하면, 상배관은 자비심이 깊어서 생명을 죽이지 않고 모든 계율을 지켜 행동이 올바르며 대승경전을 지성으로 독송하고 6가지 염원을 수행하는 상품상생(上品上生), 대승경전을 배우고 독송하며 대승의 뜻을 아는 상품중생(上品中生), 인과의 도리를 믿고 위없는 도를 구하는 마음을 일으키고 극락에 태어나기를 서원하는 상품하생(上品下生) 수행자가 임종했을 때 극락왕생하는 정토이다. 상품 수행자는 상품 연못의 연꽃 위에서 태어나 아미타삼존(아미타불, 관세음보살, 대세지보살)을 친견하고 무수한 화신불(化身佛)과 보살, 수많은 비구와 천인들로부터 영접을 받는다. 이와 같은 경전의 내용을 그림으로 도해한 것이, 〈그림 31〉에 보인 서복사장 〈관경16관변상도〉의 제14관(상배관)이다.

앞의 제2장(천불천탑의 설계도(I): 관경16관변상도)에서 설명한 바와 같이, 제14관(상배관)은 상품상생, 상품중생, 상품하생으로 불리는 세 개의 정토로

제14관
상품삼배지전

보주당

보주당

보배나무

보배나무

대세지보살

아미타불

관세음보살

상품하생 왕생자

보배나무

상품상생 왕생자

보배나무

상품중생 왕생자

그림 31 〈관경16관변상도〉의 상배관: 상품상생, 상품중생, 상품하생 정토를 품(品) 자형으로 배치된 극락 궁전으로 표현하였다. 바로 위 불회 공간에는 정토 장엄물인 보배나무와 보주당이 좌우에 각 1기씩 짝수 개 세워져 있고 극락왕생자가 태어나는 상배관의 연못에도 보배나무가 좌우에 각 1기씩 세워져 있다.

구분되는데, 품(品) 자형으로 배치된 전각 세 채는 이를 나타낸 것이다. 한 가운데 상품상생 정토에는 아미타불이 상품상생 수인을 하고 연화대좌에 결가부좌하고 있다. 그의 좌우에는 백색 가사를 입은 관세음보살과 대세지보살이 있으며, 세 채의 전각을 잇는 회랑에는 보살, 비구, 악기를 연주하는 천인이 운집하여 상품왕생자를 환영하고 있다.

아미타불의 서방정토에는 반드시 정토 장엄물인 '보배나무(寶樹)'와 '보주당(寶珠幢)'을 주존불의 좌우에 똑같은 개수로 배치한다. 그런데 서복사장 〈관경16관변상도〉는 화면을 크게 5 분할(일상관, 불회, 상배관, 중배관, 하배관)하여 그렸기 때문에 세 개의 전각이 빼곡히 들이찬 상·중·하배관은 정토 장엄물을 세워둘 만한 여유 공간이 부족하다. 그래서인지, 〈그림 31〉에서 볼 수 있는 것처럼, 네 개의 정토 가운데 전각이 없는 석가모니불의 영산정토에만 보배나무와 보주당을 함께 배치하였고 아미타불의 서방정토에는

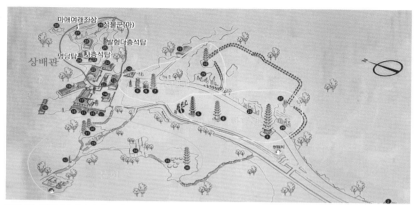

그림 32. 고려 〈관경16관변상도〉의 상배관에 해당하는 천불천탑 공간은 북쪽 암벽에 새겨진 마애여래좌상 주변이다.

보주당은 생략하고 보배나무만 그려 넣었다.

〈그림 32〉에 보인 것처럼, 천불천탑 공간에서 서복사장 〈관경16관변상도〉의 상배관에 해당하는 지역은 북쪽 암벽 일대에 배치된 마애여래좌상-석불군(마)-발형다층석탑-대웅전 앞 삼층석탑-사층석탑-명당탑으로 에워싸인 영역이다. 상배관에 설치된 주요 조형물의 상징성을 〈관경16관변상도〉의 도상을 이용하여 해석해 보자.

마애여래좌상은 상배관의 주존불인 아미타불을 암벽에 새긴 것

마애여래좌상은 운주골이 내려다보이는 공사바위 아래 북쪽 암벽에 새겨져 있다. 이 일대는 〈관경16관변상도〉의 상배관에 해당하므로, 마애여래좌상은 상배관의 주존불인 아미타불을 암벽에 새긴 것이 된다. 〈관경16관변상도〉 상배관의 아미타불의 도상을 살펴보면, 아미타여래는 오른쪽 어깨를 드러내는 우견편단으로 붉은 가사를 입고 상품삼배지전의 팔각연화대좌에 결가부좌하였으며 수인(손동작)은 구품인의 자세를 취하고 있는데,

그림 33. 천불천탑의 상배관에 배치된 조형물: (1) 마애여래좌상, (2) 석불군 (마), (3) 발형다층석탑, (4) 명당탑과 4층석탑

이 모습 그대로 북쪽 암벽에 새긴 것이 마애여래좌상이다. 따라서 지금까지 부처의 이름을 몰라 애매모호하게 마애여래좌상으로 불린 이 마애석불은 '마애아미타불좌상'으로 고쳐 불러야 한다.

발형다층석탑은 정토 장엄물(보주당)을 석탑 양식으로 표현한 것

고려 〈관경16관변상도〉에는 아미타삼존의 좌우에 보배나무와 함께 '보주당' 또는 줄여서 '보당'으로 불리는 막대처럼 기다란 장엄물이 배치되어 있다. 불교의식 용구의 일종인 당(幢)이나 번(幡)은 높다란 당간 끝에 매달거나 빨랫줄 같은 기다란 줄에 연등처럼 매달아 불교행사를 장엄하기 위한 용도로 사용되는데 둘의 생김새는 크게 다르다. 당은 마치 청사초롱이나 연등에 기다란 천을 여러 개 매단 것과 같은 3차원 입체이고, 번은 기다란 직사각형 천 끝에 제비꼬리가 여러 개 달린 2차원 깃발 모양이다. 중국

당(唐)대에 제작된 둔황석굴의 아미타경 및 관무량수경 변상도를 살펴보면, 연화대좌에 좌정한 아미타불의 주변을 장엄하기 위해 당(보당)을 설치했음을 볼 수 있다. 〈그림 34〉-(1) 및 (2)에서 볼 수 있듯이, 중국의 보당은 크기와 모양이 다른 당을 여러 층 쌓아 올려 마치 거대한 석탑처럼 보인다. 또 다층보당은 보배 연못 위에 줄을 치고 연등처럼 매달아 두기도 하였다. 반면에 〈그림 34〉-(3) 및 (4)에서 볼 수 있는 것처럼, 고려의 〈관경16관변상도〉에서는 다층보당이 마치 현대사회의 스탠드 옷걸이처럼 길쭉하게 묘사되었다.

그림 34. 중국 당과 고려의 변상도에서 보주당의 표현: (1) 아미타경변상도(둔황 제225굴), (2) 관경변상도(둔황 제172굴), (3) 관경16관변상도(고려 14c 초, 서복사본), (4) 관경16관변상도(고려 1323년, 인송사본)

이처럼 중국과 고려의 변상도에 표현된 다층보당의 생김새가 완전히 다른 것은 변상도의 화면 구성 차이에서 비롯된 것으로 보인다. 중국의 변상도는 화면을 분할하지 않고 하나의 큰 화면에 아미타 극락정토를 표현했다. 이와 달리, 고려의 서복사장 관경16관변상도의 경우에는 화면을 5단으로 분할한 다음 각 공간에 일상관, 불회, 제14관, 제15관, 제16관을 그렸고, 인송사본의 경우에는 화면을 3단으로 분할하고 각 공간에 제1관~제8관, 제9관~제13관, 제14관~제16관을 그려 넣었다. 이처럼 화면을 3 또는 5분할하다 보니, 각 단의 공간이 협소하여 중국의 변상도처럼 다층보당을 석탑처럼 크게 그리면 화면이 번잡해질 뿐만 아니라 생김새와 크기가 비슷한 보배나무와 시각적으로 충돌하는 문제가 생긴다. 따라서 고려 화공은 다층보당을 고려변상도의 화면 구성에 잘 어울리도록 스탠드 옷걸이처럼 길쭉한 형태로 변형시킨 것으로 짐작된다. 《관무량수경》에는 보당의 형상에 관해서 제2관(보수관)에서 짤막하게 '백억의 꽃송이로 꾸며진 화려

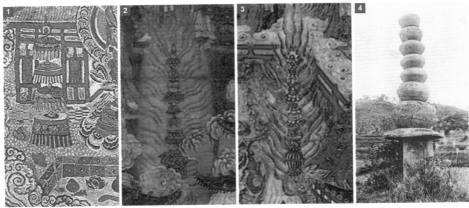

그림 35. 천불천탑의 발형다층석탑은 〈관경16관변상도〉의 '보주당'을 3차원 공간에 세우기 위해 석탑 양식으로 표현한 것이다. (1) 둔황 제225굴 벽화의 보주당, (2) 및 (3) 고려 관경16관변상도의 보주당, (4) 천불천탑 공간의 발형다층석탑 (조선고적도보, 6, 1917년 ⓒ한국문화재연구원)

93

한 당'이라고만 언급되어 있을 뿐이며, 〈그림 35〉에서 볼 수 있는 바와 같이 고려 〈관경16관변상도〉에는 꽃송이를 닮은 화려한 보석을 쌓아 올린 듯 그렸는데 층수는 명확하지 않으나 대략 7층으로 보인다.

　고려 〈관경16관변상도〉에 등장하는 장엄물의 일종인 7층보주당(寶珠幢)을 천불천탑의 상배관에 석탑 양식으로 재현한 것이 발형다층석탑으로 불리는 탑이다. 마치 주판알이나 은행 혹은 스님의 발우를 차곡차곡 쌓아 올린 것처럼 보인다 하여 발형다층석탑으로 불리는 이 석탑의 옛 사진(조선고적도보, 6, 1917년)을 보면 석탑의 층수는 7층으로, 이것은 고려 〈관경16관변상도〉의 7층보주당과 일치한다. 따라서 발형다층석탑은 보주당칠층석탑으로 고쳐 불러야 한다.

　한편, 상배관의 북쪽 암벽에 새긴 마애아미타불좌상의 향좌에는 4층석탑과 명당탑이 세워져 있다. 명당탑은 기단부만 사각형인 원반형 3층석탑으로 앞서 불회 공간에서 설명했던 7층보수탑(칠성바위)과 똑같은 정토 장엄물이다. 이 탑은 운주사가 폐사되고 세월이 흐르면서 7층 가운데 3층만 남게 되었고 원형의 기단부도 사각형 기단부로 대체된 것으로 보인다. 운주사가 정유재란 무렵에 폐사되면서 아미타 서방정토였던 천불천탑도 약 400년간 방치되면서 수많은 석불과 석탑 가운데 상당수가 파손, 망실되었으며 심지어 어떤 석탑과 석불은 원래 위치에서 이동된 것으로 의심되는 것도 있다. 따라서 현재의 천불천탑 모습이 처음 조성 당시의 모습 하고는 상당히 다를 가능성이 있지만, 과거의 모습이 어떠했는지는 알아낼 방법이 없으므로 현재 모습이 원래 모습이었다고 가정하고 설명할 수밖에 없는 경우도 생긴다. 이 경우에 해당하는 사례가 정토 장엄물인 발형다층석탑인데, 이 탑은 현재 상배관에서만 발견된다는 것이다. 그렇다면, 〈그림 33〉에서 볼 수 있는 것처럼 왜 상배관에만 발형다층석탑(보주당7층석탑)과 원형다층석탑(보배나무7층석탑)이 함께 세워져 있을까?

상배관에만 보주당7층석탑과 보배나무7층석탑을 함께 세운 이유

상배관은 불심이 가장 깊은 수행자가 임종 후 태어나는 서방정토이다. 따라서 다탑봉 계곡에 3차원 관경16관변상도(아미타 서방정토)를 조성할 때 상배관이 들어서는 북쪽 암벽 일대는 특별히 더 장엄하게 조성했을 것으로 생각된다. 북쪽 암벽에 새겨진 마애아미타불좌상을 정면에서 바라봤을 때, 오른쪽 아래에는 현재 4층만 남은 발형다층석탑(보주당7층석탑) 1기가 놓여 있고, 왼쪽 위에는 현재 3층만 남은 명당탑(보배나무7층석탑) 1기가 설치되어 있다. 〈관경16관변상도〉는 완벽한 좌우대칭 구도를 갖는 종교화이다. 따라서 〈관경16관변상도〉의 도상에 의하면, 정토 장엄물인 보주당7층석탑과 보배나무7층석탑은 마애아미타불좌상을 중심에 두고 왼쪽과 오른쪽에 각 1기씩 짝수개가 설치되어야 한다. 따라서 원래 이곳에는 보주당7층석탑 2기와 보배나무7층석탑 2기가 있었는데 운주사가 폐사된 이후 각 1기씩 사라진 것으로 보인다.

석불군 (마)는 상품왕생자를 환영하는 수많은 화신불과 비구를 표현한 것

이제 상배관에서 마지막으로 남은 것은 북쪽 암벽 아래에 설치된 석불군 (마)의 상징성을 파악하는 일이다. 석가모니 부처께서 설하는 《관무량수경》의 제14관(상배관)의 상품상생에는 다음과 같은 구절이 나온다.

"이러한 선근 공덕을 회향하여 저 극락세계에 태어나고자 서원하고, 이러한 공덕을 갖추어 하루에서 이레까지 이르면 극락세계에 왕생할 수 있느니라. 이와 같이 극락세계에 태어날 때 이들은 용맹하게 정진하였기 때문에,

그림 36. 천불천탑의 북쪽 암벽 아래에 조성된 석불군 (마)는 상배관의 연꽃 위에 태어난 상품왕생자를 영접하는 수많은 화신불과 비구를 표현한 것이다.

아미타불께서 관세음보살, 대세지보살과 무수한 화신불(化身佛)과 수많은 비구 등 성문 대중과 여러 천인들과 함께 칠보 궁전에 나투시느니라."

천불천탑을 조성한 고려 장인은 무수한 화신불, 수많은 비구(성문 대중), 여러 천인을 북쪽 암벽 아래에 조성했는데 이것이 〈그림 36〉에 보인 석불군 (마)이다. 여기서, 좌대에 안치한 불상은 화신불이고, 서 있는 자세로 합장하는 모습의 석인상은 옷차림새로 보아 비구로 판단되며 악기를 연주하는 천인은 따로 묘사하지 않은 것으로 보이지만 망실된 석인상이 많아서 단정할 수는 없다. 이들은 상품삼배지관의 회랑에 운집하듯 암벽 아래에 밀집하여 임종 후 상배관 연못의 연꽃 위에 탄생한 상품왕생자를 영접하고 있다.

관세음보살과 대세지보살과 같은 주요 보살은 서쪽의 불회 공간과 마찬가지로 방형석탑으로 표현하였는데 북쪽 암벽의 4층석탑과 대웅전 앞 3층 석탑이 바로 그 일부이다.

석조불감과 쌍배불상의 정체

　천불천탑 전설에 의하면, 도선국사는 운주골이 내려다보이는 북쪽의 공사바위에 올라 천불천탑 건설을 감독했다고 한다. 도선국사처럼 높은 언덕에 자리한 공사바위에 올라 앞을 내려다보면, 어머니가 두 팔로 아이를 감싸 안은 듯 아늑한 공간에 천불천탑이 펼쳐진다 고려인들이 서복사장 〈관경16관변상도〉를 설계도 삼아서 운주골 계곡에 아미타불의 서방정토 (Pure Land in the West)를 조성할 때, 어머니의 가슴에 해당하는 북쪽 암벽 일대에는 상배관 극락정토를, 두 팔로 포근히 감싼 계곡에는 중배관과

그림 37. 불사바위에서 내려다본 운주골 풍경: 어머니가 두 팔로 아이를 감싸 안은 듯 포근한 공간에 아미타불의 서방정토(천불천탑)가 펼쳐진다.

하배관의 서방정토를 조성하였다.

앞장에서 상배관 구경을 마쳤으니, 이제 우리는 마애아미타불좌상이 새겨진 북쪽 암벽을 뒤로하고 평탄한 계곡으로 내려와 중배관을 관상할 차례이다. 《관무량수경》에 의하면, 중배관 정토는 모든 청정한 계율을 지키며 5역죄를 범하지 않고 아무런 허물이 없는 중품상생, 구족계를 지켜서 그 거동과 예의가 조금도 부족함이 없는 중품중생, 부모에게 효도하고 세상 사람들에게 인자하게 행세하며 극락세계에 태어나고자 원하는 중품하생 수행자가 임종 후 태어나는 아미타불의 극락정토이다. 제법 긴 이 글을 한 줄로 짧게 줄인다면, 중간 수준의 수행자가 임종했을 때 태어나는 서방 극락정토가 중배관이다.

천불천탑 공간의 마스터플랜

중배관은 천불천탑 전체 공간에서 한가운데를 차지한다. 그것은 천불천탑 설계도인 서복사장 〈관경16관변상도〉의 화면(불회, 상·중·하배관)을 운주골의 3차원 공간에 재현하려 했을 때, 이곳의 지형을 잘 아는 현장 감독이 구상한 건축 마스터플랜에 기인한다. 현장 감독의 이름은 혜명(惠明) 스님이었다.[2] 그는 2차원 〈관경16관변상도〉의 불회 공간, 즉 석가모니불의 영산정토를 운주골 서쪽의 산마루와 산허리에 배치하고, 아미타불의 서방정토인 상·중·하배관은 운주골의 북쪽 암벽에서 출발하여 남쪽으로 길게 뻗은 계곡을 따라서 배치하는 천불천탑 공간의 마스터플랜을 세웠다. 그의 마스터플랜에 의하면, 천불천탑 공간에서 중배관(제15관)에 해당하는 영역은

---

2) 반계 유형원이 지은 《동국여지지(東國輿地志), 1656년 간행)》에는 고려 승 혜명(惠明)이 무리 수천으로 하여금 천불천탑을 조성케 했다고 기록되어 있다.

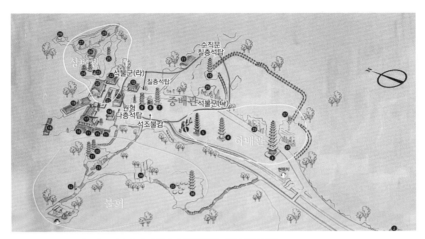

그림 38. 서복사장 〈관경16관변상도〉의 중배관에 해당하는 천불천탑 공간

〈그림 38〉에 보인 것처럼 칠층석탑-석조불감-원형다층석탑-수직문칠층석
탑-석불군 (다)·(라)를 에워싼 공간이다.

〈그림 39〉-(1)에 보인 서복사장 〈관경16관변상도〉의 중배관을 살펴보면,
정면에 중품상생지전(中品上生之殿), 향우에 중품중생지전(中品中生之殿), 향
좌에 중품하생지전(中品下生之殿)으로 불리는 세 채의 전각이 품(品) 자형으
로 정연하게 배치되어 있다. 중품삼배지전(中品三輩之殿)은 중품 극락에 왕
생한 중품 수행자를 맞이하기 위해 아미타삼존(아미타불, 관세음보살, 대세지
보살)이 모습을 드러내는 일종의 접견실(Audience Hall)로, 전각의 생김새
는 고려의 궁전 양식을 따랐다. 즉 지붕을 떠받는 공포를 기둥 위에만 설
치한 주심포에 팔작지붕을 얹고 지붕 꼭대기에는 용마루를 설치하였다. 세
종류의 중품극락을 상징하는 세 전각의 연화대좌마다 아미타삼존이 정좌
하여 연못의 하얀 연꽃 위에 태어난 중품삼배(중품상생, 중품중생, 중품하생)
왕생자를 맞이하고 있다.

그림 39. (1) 서복사장 〈관경16관변상도〉의 중배관: 고려의 궁전 양식(주심포, 팔작지붕, 용마루)으로 지은 칠보
궁전에 아미타삼존이 좌정해 있다. (2) 석조불감의 남쪽 불상, (3) 석조불감은 〈관경16관변상도〉의 중배전을 그대
로 묘사한 것이다. (4) 석조불감의 북쪽 불상

석조불감과 쌍배불상의 정체

서복사장 〈관경16관변상도〉의 중배관 도상에 의하면, 천불천탑 공간의
한가운데에 자리한 석조불감은 중품 왕생자를 맞이하기 위해 아미타삼존
이 나투는 중배전(일종의 접견실)을 표현한 것이다. 따라서, 〈그림 39〉-(3)에
서 볼 수 있듯이, 고려인은 우리나라 어느 사찰에서도 볼 수 없는 거대한
크기의 석조 전각을 짓고 여기에 팔작지붕과 용마루를 얹어 궁전의 격식을
갖춘 다음, 광배를 갖춘 두 분의 불상을 모셨다.

불상의 종류에는 석가모니불, 아미타불, 비로자나불, 미륵불 및 약사불이 있는데 주로 수인(손동작)으로 구분한다. 중배전의 남쪽에 자리한 불상(〈그림 39〉-(2))의 수인은 오른손과 왼손의 위치가 바뀐 것을 제외하면 부처의 깨달음을 상징하는 항마촉지인을 하고 있어 석가모니불로 해석되고, 북쪽에 위치한 불상(〈그림 39〉-(4))은 두 손을 합장한 채 가슴

그림 40. 석조불감의 쌍배불상은 중품극락 왕생자를 맞이하기 위해 중배전에 좌정한 아미타불을 표현한 것이다. 중배전(석조불감)은 극락연못에 태어난 중품왕생자를 맞이하는 일종의 극락 접견실이다

높이로 모으고 있어 지권인 자세의 비로자나불로 해석되기도 한다.

　그러나 내 판단은 이와 다르다. 〈그림 40〉에 보인 것처럼, 남쪽 불상을 아미타불로 유명한 부석사 무량수전의 소조여래좌상과 비교하면, 두 불상은 양손의 위치가 바뀐 것을 제외하곤 거의 똑같은 자세를 하고 있어 아미타불로 해석할 수 있으며, 북쪽 불상은 불상의 수인이 대략적인 형태로만 묘사되어 있어 정확히 판단하기는 어렵지만, 〈관경16관변상도〉의 도상으로 풀이하면, 구품인을 하고 있는 아미타불로 해석할 수 있다. 무엇보다 이렇게 해석해야 하는 결정적인 이유는 이 조형물이 〈관경16관변상도〉의 제15

관(중배관)을 3차원 공간에 재현하기 위해 고안된 것으로, 석조불감과 쌍배불상은 중품 극락정토에 태어난 왕생자를 맞이하기 위해서 중배전에 나투어 연화대좌에 가부좌한 아미타불을 표현한 것이기 때문이다. 따라서 지금까지 이 조형물의 정확한 용도와 상징성을 몰라서 애매하게 석조불감과 쌍배불상으로 불렀다면, 이들을 둘러싼 미스터리가 완벽하게 풀린 지금부터 '중배전'과 '쌍배아미타불좌상'으로 고쳐 불러야 한다.

원형다층석탑은 극락정토 장엄물인 7층보수탑이다.

중배전(석조불감)에서 북쪽으로 10m 거리에 6층의 원형다층석탑이 자리 잡고 있다. 석탑의 생김새가 마치 호떡을 쌓아 올린 것처럼 보여 호떡탑으로 불리기도 하는 원반형 다층석탑은 우리나라의 다른 사찰에서는 볼 수 없고 오직 천불천탑 공간에만 있는 매우 독특한 양식의 석탑이다. 원반형 다층석탑은 천불천탑의 성격을 밝히는 데 있어 여러모로 헷갈리게 만든 조형물 가운데 하나이다. 1270년 완도의 삼별초를 토벌하기 위해 강진에 주둔한 몽골군이 고려 백성을 강제 동원하여 천불천탑을 화순 운주사 주변에 세우고 원 병사의 무운을 빌었다는 주장이 나오게 된 배경에는 라마계 석탑으로 착각한 원반형 다층석탑이 있다.[3]

원반형 다층석탑의 정체는 이미 제3장(칠성석은 북두칠성 별자리가 아니다)에서 밝힌 바 있다. 이 석탑은 〈관경16관변상도〉에서 석가모니불의 영산정토와 아미타불의 서방정토를 아름답게 꾸며주는 보배나무를 3차원 공간에 세울 수 있도록 석탑 형식으로 만든 것이기 때문에 '보배나무7층석탑'

---

3) 소재구, 「운주사 탑상의 조성불사」, 제4회 국립박물관 동원학술전국대회, 국립김해 박물관, 2001. 11. 24.

그림 41. (1) 아미타불이 좌정한 극락 궁전의 좌우에는 칠보로 치장되어 휘황찬란한 빛을 내뿜는 7층 보배나무가 세워져 있다. (고려 1323년, 인송사장 관경16관변상도) (2) 천불천탑의 원형다층석탑은 16관변상도의 보배나무를 석탑 양식으로 만들어 중배전에 세운 것이다. (3) 원형다층석탑의 주변에 흩어진 원반형 석재는 여기에 또 하나의 7층보수탑이 있었음을 암시한다. (4) 북두칠성 별자리를 표현한 것으로 알려진 칠성석은 7층보수탑의 옥개석이다.

또는 '7층보수탑'으로 불러야 한다. 〈관경16관변상도〉의 화법에 의하면, 이 7층보수탑은 석가모니불이나 아미타불이 좌정한 연화대좌 또는 극락 전각의 좌우측에 최소한 각 1기씩, 합해서 2기(짝수개)를 세워두어야 한다. 실제로, 서쪽 산의 불회 공간에 있는 거대한 7층보수탑의 흔적이 현재 칠성석으로 잘못 불리고 있는 7개의 원반형 석재이다. 상배관 정토에는 3층 명당탑이 바로 7층보수탑의 일부이고, 국가 보물로 지정된 원형다층석탑은 중배관 정토의 7층보수탑인데 맨 꼭대기 7층은 사라졌다. 다음 장에서 설명할 하배관에는 연장바위가 있는 흙바닥에 자그마한 원반형 석재가 두어 개 놓여 있는데, 이것은 하배관 정토에 세워진 7층보수탑의 잔해로 판단된다.

원형다층석탑의 원래 위치는 어디였을까

〈그림 41〉-(2)에서 볼 수 있듯이, 천불천탑의 중배관에는 칠층석탑-석조불감-원형다층석탑이 남북방향으로 일렬로 배치되어 있다. 하지만 천불천탑의 조성 당시에는 이처럼 배열되지 않았을 것으로 짐작된다. 왜냐하면 천불천탑은 완벽한 좌우대칭 구도가 특징인 〈관경16관변상도〉를 운주골이라는 3차원 공간에 조성한 것이기 때문이다. 따라서 주존불 주위에 도열한 권속과 배치된 장엄물의 숫자는 좌·우가 똑같아야 하며, 정토 장엄물은 주존불의 정면이 아닌 좌우 측면에 놓여 있어야 한다. 왜냐하면 큼지막한 장엄물을 주존불의 정면에 설치하면 주존불이 안보이기 때문이다.

그런데, 현재 칠층석탑-석조불감-원형다층석탑은 남북방향으로 일직선상에 놓여 있어 정토 장엄물인 원형다층석탑(7층보수탑)이 석조불감(중배전) 안에 좌정한 아미타불의 전신을 완벽히 가리고 있다. 이것은 〈관경16관변상도〉의 화법에 어긋나는 배치구도이다. 따라서 원형다층석탑의 원래 위치는 지금의 자리가 아니라 석조불감(중배전)의 좌우측에 각 1기씩 놓여있었을 것으로 추정된다. 그렇다면 이곳 중배관에는 원형다층석탑이 2기가 있었다는 얘기가 된다. 이러한 필자의 주장을 강력히 뒷받침하는 증거가 현재 원형다층석탑의 주변 땅바닥에 놓여있는 8-9개쯤 되는 옥개석과 탑신이다. 이 부재들은 또 하나의 7층보수탑이 여기에 있었음을 말없이 증언하고 있다.

그렇다면 7층보수탑이 왜 현재 위치로 이동되었을까? 남은 기록이 없으니 정확한 사연은 알 수 없지만 상상의 나래를 펼쳐보면 다음과 같이 추측된다. 정유재란 무렵에 운주사가 폐사되어 천불천탑만 남게 되었는데 언

젠가부터 운주골은 농사짓기 좋은 경작지로 바뀌었다. 그런데 석조불감의
좌우측에 배치되었던 2기의 7층보수탑이 하필이면 경작지 한가운데 덩그
러니 남게 되었다. 언젠가 아랫마을의 농부들이 농사짓는데 걸리적대는 2
기의 석탑을 남북방향으로 길게 이어진 논두렁으로 이동시켰다. 그런데 무
거운 7층보수탑을 해체하는 과정에서 그만 실수를 하는 바람에 1기는 산
산이 부서졌고 살아남은 또 다른 1기가 현재 위치(옛날의 논두렁길)로 옮겨
진 것이 아닐까 싶다.

석불군 (다), (라)는 수많은 화신불과 비구를 표현한 것

〈관경16관변상도〉의 도상에 의하면, 중배관 영역의 석불군 (다) 및 (라)
는 중품삼배지전의 회랑에 운집하여 중품 왕생자를 맞이하는 여러 화신
불과 비구, 악기를 연주하는 수많은 천인을 나타낸 것이다. 그러나 상배관
과 마찬가지로, 여기서도 천상의 음악을 연주하거나 춤을 추는 천인을 닮
은 석인상은 보이지 않는다.

그림 42. 석불군 (다) 및 (라)는 중배관 정토에 왕생한 중품 수행자를 환영하는 여러 화신불과 비구를 나타낸 것이
다.

찰흙으로 천불천탑 빚기

운주사 천불천탑은 아미타 서방정토를 그린 고려 〈관경16관변상도〉를 설계도 삼아, 남북으로 길게 뻗은 평퍼짐한 운주골과 좌우 산허리에 조성된 세계 유일, 세계 최대 3차원 〈관경16관변상도〉이다.

정토신앙이 절정에 달했던 고려 후기에 상암동 월드컵경기장의 약 14배에 달하는 10만㎡(3만 평)의 드넓은 공간에다 서복사장 〈관경16관변상도〉에 묘사된 석가모니 부처의 법회와 아미타불의 서방정토(상배관, 중배관, 하배관)를 고스란히 재현함으로써, 마침내 남도지방의 범부대중까지 아미타불의 극락세계를 직접 눈으로 보고 체험할 수 있게 되었다. 천불천탑이 조성되기 전에는 오직 개경의 왕실과 권문세가의 지체 높은 분이나 호장과 같은 지방의 유력자들만 전문 화원이 그린 〈관경16관변상도〉를 통해 아미타 서방정토를 관상할 수 있었다. 그래서 천불천탑은 고려 후기에 오랜 전란에 시달려 피폐해진 남도 백성을 위로하고, 불교신자의 정토왕생신앙을 북돋아주기 위한 극락정토 체험장이었다. (만약 여러분이 천불천탑 공간에 들어선다면, 서방극락정토에 왕생하는 것이다.)

필자는 천불천탑의 미스터리를 풀면서 고려시대에 그려진 4점의 〈관경16관변상도〉를 꼼꼼히 살펴보았다. 도상 하나하나에 담긴 뜻이 무엇인지 정확히 알기 위해서 〈관경16관변상도〉의 도상을 해석한 논문을 읽어보고, 그림의 소의경전인 《관무량수경》도 그림의 해당 장면과 맞춰가면서 읽어보

앉다. 이 과정을 몇 번 되풀이하니 비로소 〈관경16관변상도〉가 어떤 그림인지 이해되었다. 고려 변상도의 표현기법, 채색, 세부묘사 수준은 당시 동아시아 불교미술의 최고봉이라 해도 과언이 아니다. 필자는 〈관경16관변상도〉를 통해서 고려 불화의 아름다움에 눈을 뜨고 크게 반하게 되었다. 그래서 어느 순간 3차원 〈관경16관변상도〉인 천불천탑을 3D 프린팅으로 만들어 보고 싶은 욕구가 일어났다. 하지만 현실은 3D 프린팅을 전혀 할 줄 몰라서 완전 재래식 기법인 찰흙으로 빚을 수 밖에 없었다.

천불천탑 공간을 구성하는 네 개의 정토(불회, 상·중·하배관) 가운데 가장 다양한 조형물이 배치된 중배관을 찰흙으로 만들어 보았다. 중배관을 구성하는 대표적인 조형물은 칠층석탑, 석조불감(왕생자를 맞이하는 아미타불의 접견실), 쌍배불상(왕생자를 맞이하는 아미타불), 원형다층석탑(극락세계를 장엄하는 보배나무7층석탑), 수직문칠층석탑, 석불군 (다) 및 (라)(왕생자를 환영하는 화신불과 비구)이다. 대략 한 달여에 걸쳐 퇴근 후 주물럭거려 만든 천불천탑 중배관을 감상해 보자.

참고용으로, 극락정토 장엄 장식물인 '7층보수탑'이 생생하게 묘사된 인송사장 〈관경16관변상도〉를 〈그림 43〉에 보였다. 1323년에 제작된 인송사 본의 특징은 《관무량수경》에서 언급하는 범부대중의 극락왕생법인 제14관, 제15관, 제16관의 내용을 뭉뚱그려 하나의 화면에 그려 넣은 것이다.

〈관경16관변상도〉라는 종교화의 특징은 완벽한 좌우대칭 구도에 있다. 그래서 부처를 중심으로 보살, 제자, 비구, 천인과 같은 권속과 보배나무, 보당, 보좌와 같은 정토 장엄물은 좌우의 숫자가 똑같아야 하며, 정토 장엄물은 극락정토의 주존불인 아미타불을 가리지 않도록 전각의 정면이 아닌 좌우 측면에 배치되어야 한다. 따라서 운주골에 아미타 서방정토을 구현한 천불천탑 공간에서도, 〈그림 45〉에 보인 것처럼, 아미타불이 좌정한

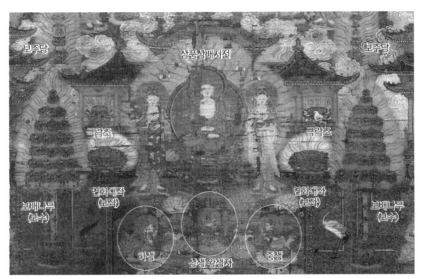

보주당   삼품삼배지전   보주당

극락조   극락조

연화대좌 (보좌)   연화대좌 (보좌)

보배나무 (보수)   보배나무 (보수)

하생   상생 왕생자   중생

그림 43. 인송사장 〈관경16관변상도〉의 제14관~제16관: 극락정토 장엄물인 보배나무, 보주당, 보좌, 극락조가 전각 안에 좌정한 아미타불의 좌우측에 1기씩 놓여 좌우대칭 구도를 이룬다.

중배전(왕생자를 맞이하는 접견실)의 좌우에 7층보수탑(원형다층석탑)이 각 한 기씩 배치되어야 한다. 한편 극락왕생자를 맞이하기 위해 중배전에 나투신 쌍배아미타불에는 (내 판단으로는) 채색된 흔적도 보여 실제 채색이 이뤄졌 는지에 대한 조사와 연구도 필요하다. 천불천탑은 3차원 극락 그림이기 때 문에, 눈 부실 정도로 장엄한 극락세계를 표현하기 위해 중배전에 좌정한 아미타불은 채색되었을 가능성도 있다고 판단된다.

그림 44. 찰흙으로 천불천탑 중배관을 만드는 과정: 극락 연못의 연꽃에 태어난 왕생자를 맞이하는 중배
전의 아미타불과 정토 장엄물인 7층보수탑 1쌍을 찰흙으로 만들었다.

그림 45. 찰흙으로 빚은 천불천탑 중배관: 원형다층석탑은 극락정토 장엄용 보배나무를 3차원 공간에 세
우기 위해 석탑 양식으로 만든 것이다. 〈관경16관변상도〉의 화법에 의하면, 7층보수탑은 정토 장엄물이
기 때문에 아미타불이 좌정한 중배전의 좌우측에 각 1기씩 배치되어 좌우대칭 구도를 이루어야 한다.

나는 보살이 아니라
비구입니다

운주사 천불천탑의 수수께끼 가운데 하나가 암벽에 기대 놓은 석인상이다. 도대체 왜 천불천탑 공간에는 암벽이 드러난 곳마다 석인상을 무리 지어 세워두었는지 학계의 해석이 분분하다. 공교롭게도 석인상 무리에는 연화대좌에 가부좌를 튼 석불이 최소 한 분씩은 계신데, 마치 법당에 모신 부처님을 연상시킨다. 그래서 어떤 학자는 이 석불 근처에 있는 석탑과 짝을 지어서 1탑 1금당의 전통 사찰 구조로 해석하고 천불천탑은 민초들을 위한 개방형 야외 법당이라 해석하기도 하였다. 암벽 아래 줄지어 있는 석인상 무리는 대좌에 가부좌를 튼 불상 1분과 비구의 복장(장삼, 가사)을 한 채 합장을 하고 있는 다수의 입상으로 이루어져 있지만 학계에서는 이 둘을 각각 불상과 협시보살로 부르고 있다.

현재까지 온전하게 보존된 석인상의 숫자는 총 42분이다. 여기서 석불좌상은 5분이며 비구의 복장을 한 입상은 36분, 앉은 분은 1분이다. 그런데 석인상 가운데 가장 많은 수를 차지하는 비구 복장을 한 입상의 조각 솜씨를 살펴보면, 얼굴, 손동작, 옷 주름을 몇 가지 유형으로 나누어 매우 단순하게 표현하였다. 그래서 천불천탑 석인상은 조각 솜씨가 낮은 석공이 성의 없이 조각한 듯한 느낌이 들기도 하고, 어떤 석인상에서는 토속적인 단순미와 해학미가 엿보여 친근한 느낌이 들기도 한다.

필자는 천불천탑이 고려 후기에 유행했던 〈관경16관변상도〉를 설계도 삼아서 운주골 대자연에 조성한 3차원 〈관경16관변상도〉로 해석하였다. 〈그림 46〉에 보인 것처럼, 남북 길이 500m, 동서 폭 200m로 이루어진 10만 ㎡(3만 평) 공간에 조성된 천불천탑은 서복사 소장 〈관경16관변상도〉의 화면 구성처럼 네 개의 정토(석가모니불의 영산정토, 아미타불의 서방정토인 상배관, 중배관, 하배관)로 구획할 수 있으며, 각 정토에 조성된 모든 조형물은 〈관경16관변상도〉의 도상으로 명쾌하게 해석될 수 있음을 보였다. 이번 글에서 다루게 될 불상과 석인상은 여섯 곳의 암벽 밑에 무리를 이루고 있는데, 운주사 천불천탑 안내도에서 (가)-(바)로 표시된 곳이다.

　석불군 (가),(나)는 하품수행자가 임종 후 태어나는 서방정토(하배관)에 속한 조형물이며,

　석불군 (다)-(라)는 중품수행자가 임종 후 태어나는 서방정토(중배관)에 속한 조형물이고,

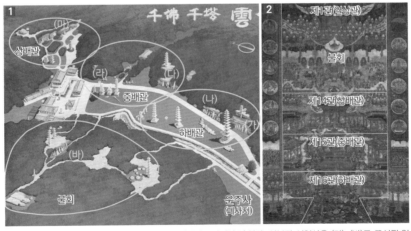

그림 46. (1) 천불천탑은 운주골에 조성된 3차원 〈관경16관변상도〉이다. 석불과 석인상은 (가)-(바)로 표시된 암벽 아래에 세워져 무리를 이루고 있다. (2) 서복사장 관경16관변상도 (고려, 1300년 추정)

석불군 (가)　　　　　석불군 (나)　　　　　석불군 (다)

석불군 (라)　　　　　석불군 (마)　　　　　석불군 (바)

그림47 천불천탑의 네 개 정토마다 석인상이 암벽 아래 무리 지어 있다. 석불군 (가),(나): 하배관, 석불군 (다),(라): 중배관, 석불군 (마): 상배관, 석불군 (바): 불회에 속하는 조형물이다.

석불군 (마)는 상품 수행자가 임종 후 태어나는 서방정토(상배관)에 속한 조형물이며,

석불군 (바)는 영축산에서 관무량수경을 설하는 석가모니불의 영산정토(불회)에 속하는 조형물이다.

현재 석인상의 숫자는 천불천탑 조성 당시에 비해 크게 줄었는데, 네 개의 정토마다 부처로 짐작되는 석불이 1-2분씩 살아남아 대좌 위에 자리 잡고 있다. 이렇게 암벽을 등지고 좌대에 안치된 석불은 법당의 불상을 연상시키고 좌우의 석인상은 협시보살을 떠올리게 만든다. 이들은 과연 누구이며 왜 이렇게 네 개의 정토마다 암벽 아래 무리 지워 세워놨을까?

〈관경16관변상도〉의 도상을 이용해서 석인상의 정체를 밝히기 전에 먼저 소의경전인 《관무량수경》부터 살펴보자. 《관경》에는 석가모니 부처가 위제희 왕비에게 근기가 낮은 미래의 중생이 서방정토에 왕생할 수 있는 세

가지 방편(산선3관)을 설명하는데, 상품상생 및 상품중생 편에는 다음과 같은 대목이 나온다.

　상품상생 : "이러한 선근 공덕을 회향하여 저 극락세계에 태어나고자 서원하고, 이러한 공덕을 갖추어 하루에서 이레까지 이르면 바로 극락세계에 왕생할 수 있느니라. 이와 같이 극락세계에 태어날 때 이들은 용맹하게 정진하였기 때문에, 아미타불께서 관세음보살, 대세지보살과 무수한 화신불(化身佛)과 수많은 비구 등 성문 대중과 여러 천인(天人)들과 함께 칠보 궁전에 나투시느니라. (중략) 그때 관세음보살과 대세지보살은 수많은 보살들과 함께 그 수행자를 찬탄하고 그 마음을 더욱 격려하느니라."

　상품중생 : "그리고 칭찬하시기를, '진리의 아들아, 그대는 대승법을 행하고 그 근본 뜻을 알았으니, 이제 내가 와서 그대를 영접하느니라.'고 말씀하시며 1천의 화신불과 함께 일시에 손을 내미느니라. 그리고 부처님과 보살들이 다 함께 광명을 발하여 수행자의 몸을 비추면, 바로 눈이 열리고 마음이 밝아지느니라."

위에서 알 수 있듯이,《관무량수경》의 상배관에 등장하는 인물은 아미타삼존(아미타불, 관세음보살, 대세지보살), 극락 왕생자, 화신불, 보살, 비구(성문), 천인이다. 그러면 고려 화가는《관무량수경》의 상배관에 등장하는 수많은 인물을 그림으로 어떻게 표현했는지 〈그림 48〉에 보인 〈관경16관변상도〉를 살펴보자.

서복사장 〈관경16관변상도〉의 상품상생 및 상품중생의 칠보 궁전에는 아미타 삼존이 연화대좌 위에 가부좌로 앉아 있고, 그 주위에 기타 보살과 비구(깨달음을 얻은 아라한)들이 시립해 있다. 상품상생 궁전과 상품중생 궁전을 잇는 회랑에는 악기를 연주하는 천인과 춤을 추는 천인(여성)으로 가득 차 있고, 전각 아래 연못의 연꽃에는 극락왕생자가 아미타불에게 합장

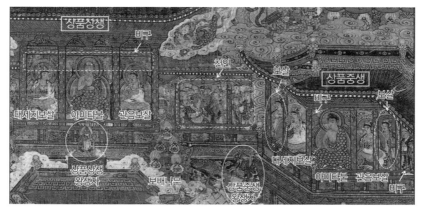

그림 48. 서복사장 〈관경16관변상도〉의 상배관에 등장하는 인물들: 아미타삼존, 왕생자, 기타 보살, 비구, 천인들이 화면을 가득 채웠다.

하고 있다. 고려 화가는 아미타 삼존이 좌정한 궁전의 내부는 공간이 좁아서 서있는 기타 보살과 비구를 많이 그려 넣지 못했지만 공간이 널찍한 회랑에는 천인들로 가득 채웠다. 서복사장 〈관경16관변상도〉에 등장하는 인물은 아미타삼존, 극락왕생자, 기타 보살, 비구, 천인이며, 소의경전인 《관무량수경》에 언급된 화신불로 짐작되는 인물은 보이지 않는다.

위와 같은 방식으로 서복사 소장 〈관경16관변상도〉를 구성하는 네 개의 정토, 즉 상배관, 중배관, 하배관, 불회에 등장하는 인물을 모두 조사해 보았다. 이번 조사는, 영화의 등장인물에 비유하자면 군중에 해당하는 석인상의 정체를 밝히는 것이 목적이므로, 아미타삼존, 석가모니불, 극락왕생자, 그리고 불회 공간에 등장하는 10대제자, 8대보살, 범천·제석천, 6대천왕과 같은 주연급과 조연급 인물은 모두 제외하고 설법 장면에 잠깐 등장하는 기타 인물('셀 수 없는', '수많은'과 같은 형용사가 항상 앞에 붙는 인물, 즉 군중)만 살피면 다음과 같다.

상배관: 기타 보살, 비구, 천인 (관경에서 언급한 화신불은 안보임)

중배관: 기타 보살, 비구, 천인 (관경에서는 권속과 비구로 언급됨)

하배관: 기타 보살, 비구, 천인 (관경에서 언급한 화신불은 안보임)

불회(영산정토): 6방불, 기타 22보살, 16성중(비구), 천인(관경에서 6방불은 등장하지 않음)

군중의 역할은 정토의 주인공인 석가모니불 또는 아미타불의 설법을 찬양하며, 특히 상·중·하배관에 태어나 아미타불이나 관세음보살의 법문을 듣고 깨달음을 얻는 극락왕생자를 찬탄하고 격려하는 일이다. 즉, 분위기 메이커가 군중의 역할이다.

자, 그러면 천불천탑을 구성하는 네 개의 정토마다 암벽 아래 무리 지어 있는 석불과 석인상의 정체를 밝혀보자. 〈관경16관변상도〉의 도상과 〈관경〉으로 풀어본다면, 그들은 바로 극락정토의 분위기 메이커에 해당하는 화신불, 보살, 비구, 천인이다. 그런데 〈관경16관변상도〉의 회랑에 운집한 천인들과 아미타삼존 옆에 시립한 기타 보살은 천불천탑 공간에서는 생략된 것 같다. 천인들의 역할은 부처의 설법을 찬양하는 음악(찬불가)을 연주하고 천상의 춤을 추는 것인데, 아무래도 비파와 같은 악기를 든 악공과 소맷자락 휘날리며 춤을 추는 여인까지 섬세하게 조각하기는 어려워 생략하지 않았나 싶다. 또한 아미타삼존 옆에 서있는 기타 보살 역시 보살 특유의 관모와 영락 목걸이와 같은 화려한 장식을 표현하기가 어려워 생략된 것으로 보인다. 결론적으로 석불군 (가)-(바)는 화신불과 비구를 표현한 것이다.

그러면 학계에서 협시보살이라 부르는 입상을 필자는 왜 비구(부처의 설법을 통해 깨달음을 얻은 아라한)라고 주장하는지 〈그림 49〉를 참고하여 그 근거를 설명하고자 한다.

그림 49. 비구의 의상은 석굴암의 아난존자 부조와 〈관경16관변상도〉의 16성중에서 확인할 수 있다. 이를 참고하여 천불천탑 석인상을 살펴보면 크게 3종류의 비구(가-다)로 구분된다.

1. 〈관경16관변상도〉의 도상에서 대좌에 앉은 분은 주존불(석가모니불, 아미타불) 및 주존보살(관세음보살, 대세지보살)과 육방불 뿐이고 기타 보살, 비구, 천인은 모두 시립해 있다. 천불천탑의 석인상(입상)은 공손한 자세로 서 있기 때문에 부처로 볼 수 없다.

2. 비구의 옛 의상이 어떠한지는 석굴암 본존불 주위에 부조로 새겨진 아난존자 상에서 확인할 수 있다. 석굴암의 아난존자는 장삼 위에 가사를 통견으로 걸쳤다. 왼팔로 살짝 감아 올린 가사는 길이방향으로 늘어져 있고 오른팔 아래 가사는 대각선 방향으로 주름이 잡혀 있다. 이 모습 거의 그대로 서쪽 능선의 암반에 조각한 것이 거대 와불(석가

116

모니 부처) 옆 입상(아난존자)이다. 천불천탑 석인상(입상)의 옷차림새는 아난존자처럼 전형적인 비구의 의상(장삼, 가사)이다.

3. 천불천탑 석인상의 자세, 특히 손동작과 의복의 표현은 크게 3가지로 구분된다. 이것을 천불천탑 설계도인 서복사장 〈관경16관변상도〉의 불회 장면에 묘사된 16성중(비구)의 자세 및 복장과 비교해보았더니 다음과 같이 재미난 결론을 얻을 수 있었다.

(1) 두 손을 가슴 앞으로 모은 합장 자세+가사를 우견편단이나 통견으로 걸침(〈그림 49〉-(가-1), (가-2)): 이는 비교적 나이가 젊은 비구를 표현한 것이다. 〈관경16관변상도〉의 젊은 비구들은 하나같이 가사를 통견으로 걸치고 합장 자세를 취하고 있다. 그런데 천불천탑의 석인상 (가-1)은 합장 자세에 우견편단으로 가사를 둘렀는데, 이것은 비구상을 만든 고려 석공이 통견 표현을 제대로 하지 못한 것으로 보인다.

(2) 오른손을 왼쪽 가슴 앞으로 들어 올리고, 왼손은 내린 자세(와불 입구의 시위불과 비슷한 자세) + 가사를 우견편단으로 걸침(〈그림 49〉-(나)): 이는 나이가 많아 활력이 떨어진 늙은 비구를 표현한 것이다. 〈관경16관변상도〉의 16성중을 살펴보면, 왼쪽과 오른쪽 무리의 맨 뒤쪽에 나이가 들어 보이는 비구가 한 분 계신데, 우견편단으로 가사를 걸쳐 오른쪽 어깨와 가슴이 훤히 드러나 보인다. 그는 오른손을 왼가슴 쪽으로 들어 올렸고 왼손은 잘 보이지 않는데 이 모습 거의 그대로 재현한 것이 천불천탑의 비구상 (나)로 판단된다.(와불 입구의 시위불이 대표적인 늙은 비구상의 모습이다. 시위불은 가섭존자일 가능성이 매우 높다.)

(3) 마치 도교의 도사들처럼 두 손을 각각 반대편 소매에 찔러 넣고 단전 앞으로 모은 자세(〈그림 49〉-(다)): 일명 도포식 석인상으로 총 36분의 입상 가운데 두 분이 이 자세를 하고 있다. 도포식 수인은 〈관경16

관변상도〉의 16성중에는 보이질 않아 해석이 안 된다. 그러나 서있는 자세와 복장으로 봐서는 비구임에 틀림없다. 그런데 석가모니불과 아미타불이 설법을 하고 있는 극락정토에서 비구가 합장 자세가 아닌 도포식 자세를 취한다는 것은 있을 수 없는 일이다. 엄밀히 얘기하면 불합격품에 해당한다.

(4) 도포식 석인상은 석불군 (바)에 한 분이 더 계신데 유일한 좌상이다(〈그림 50〉). 〈관경16관변상도〉의 도상으로 해석하면, 석불군 (바)는 석가모니 부처의 설법회에 참석하여 부처의 설법을 듣고 찬탄하는 화신불, 비구 및 석가모니불의 설법을 증명하는 육방불을 표현한 것으로 판단된다. 부처의 설법회에서 가부좌로 앉아계신 분은 석가모니 부처를 제외하곤 부처의 설법을 증명하는 육방불이 유일하며, 10대제자, 8대보살, 범천과 제석천, 기타 보살과 비구는 모두 서 있다. 따라서 〈그림 50〉에 보인 도포식 석불좌상은 〈관경16관변상도〉의 육방불을 묘사한 것으로 짐작된다.

그림 50. (왼쪽) 서복사장 〈관경16관변상도〉의 육방불, (오른쪽) 석불군 (바)의 도포식 석불좌상 (출처: 황호균 외, 운주사, 96쪽 (대원사, 2013))

4. 위에서 설명한 바와 같이, 석불군 (가)-(바)의 입상은 협시불이나 협시보살이 아니라 비구임은 명백하다. 그런데 한 가지 설명하기 어려운 것은 비구의 머리에 있는 육계(정수리가 두툼하게 솟아오른 곳)이다. 왜냐하면 육계는 부처한테만 있는 신체 특징이기 때문이다[4]. 일부 학자들이 입상을 협시불로 판단한 데는 아마도 입상의 머리에 있는 육계 때문일 것이다. 그런데 천불천탑 공간에는 거꾸로 육계가 없는 불상도 두 분이나 계시다. 서쪽 능선의 거대 와불(사실은 석가모니불)과 석조불감에서 북쪽을 향해 좌정한 석조불상(사실은 아미타불)에는 육계가 없다. 하지만 이 석상에 육계가 없다고 해서 불상이 아니라고 말하지 않듯 단지 육계의 존재 여부만으로 불상 여부를 판단해서는 안 된다고 생각한다. 앞에서 보인 바와 같이, 천불천탑의 석불군 (가)-(바)의 상징성은 서복사장 〈관경16관변상도〉의 도상으로 명쾌하게 해석된다. 다만 비구임이 분명한 입상의 머리에 육계가 표현된 점은 앞으로 풀어야 할 과제라고 생각된다.

한편, 석불군 (가)-(바)에서 좌대에 앉은 불상은 영축산에서 관무량수경을 설하는 석가모니 부처를 찬탄하거나 아미타삼존과 함께 칠보궁전에 나투어 극락왕생자를 맞이하는 화신불(化身佛)로 판단된다. 지금까지 석불군 (가)-(바)의 좌대에 앉은 불상과 입상에 대한 필자의 해석을 〈그림 51〉에 요약하였다.

---

4) CE 1세기 무렵, 북인도 간다라에서 처음으로 인간을 닮은 불상이 등장했을 때 불상의 머리에는 곱슬머리를 끈으로 묶은 인도식 상투가 있었다. CE 3세기 무렵이 되면, 상투는 육계로 변하고 곱슬머리는 소라 모양의 나발로 바뀌게 된다. 이후 육계는 인간과 구별 짓는 부처의 신체 특징 가운데 하나로 자리를 잡았다.

	늙은 비구			젊은 비구
관경 16관 변상도				
천불 천탑				

그림 51. 석불군 (가)-(마)는 하배관, 중배관, 상배관의 칠보궁전에 나투어 극락왕생 수행자를 맞이하는 화신불과 비구를 묘사한 것이다. 비구상은 늙은 비구, 젊은 비구 그리고 불합격품으로 판단되는 도포식 비구로 분류할 수 있다. 석불군 (바)는 영축산에서 관무량수경을 설하는 석가모니 부처를 찬탄하는 화신불, 육방불 및 비구를 표현한 것이다

    암벽 아래에 조성된 석불군 (가)-(마)는 하배관, 중배관 및 상배관의 칠보궁전에 나투어 극락왕생 수행자를 맞이하는 화신불과 비구를 묘사한 것이다. 비구상은 늙은 비구, 젊은 비구 및 불합격품으로 판단되는 도포식 비구로 구분할 수 있다. 이에 의하면, 늙은 비구의 자세와 복장을 갖춘 와불 입구의 시위불은 마하가섭일 가능성이 매우 높다. 석불군 (바)는 영축산에서 관무량수경을 설하는 석가모니 부처를 찬탄하는 화신불과 비구 및 그의 설법을 증명하는 육방불을 표현한 것이다.

	도포식 비구	화신불	육방불
관경16관변상도	해당없음	해당없음	
천불천탑			

제4장

불교미술의 장식문양과 천불천탑

천불천탑의 기하문양은 불교미술의 장엄문양이다

불화의 테두리를 장식한 마름모(◇) 문양

금강대좌를 장엄한 교차선(X) 문양

천개의 꽃술을 표현한 수직선()|||() 문양

궁전의 서까래를 묘사한 겹친 꺽쇠(∨) 문양

천불천탑 기하문양의 원형은 로마 문양이다

천불천탑의 기하문양은
불교미술의 장엄문양이다

　오랫동안 베일에 싸인 천불천탑의 성격을 밝히기 위해 관련 학계의 여러 연구자들이 꽤나 노력을 기울였지만 건립과 관련된 역사 기록을 찾지 못한 탓에 아직까지 크게 공감이 가는 주장은 없는 실정이다. 운주사 혹은 천불천탑은 밀교 사찰, 도교 사찰, 불교 사찰이라는 주장에서부터 별자리 신앙의 기도처, 또는 고대 천문 유적이라는 주장에 이르기까지 다양한 주장이 제기되었지만, 각각의 주장으로 천불천탑을 설명할 수 있는 것은 지극히 일부 조형물에 한정된다. 일부 조형물에 대해 그럭저럭 설명할 수 있는 개별 주장들을 한데 모아놓으면 천불천탑은 다종교 복합단지가 된다.

　그러나 고려 〈관경16관변상도〉의 구성과 도상으로 천불천탑을 해석하면, 천불천탑의 전체 공간과 각 세부 공간에 설치된 모든 조형물의 용도와 상징성은 주제의 일관성을 유지하면서 명쾌하게 해석될 수 있다. 반복해서 강조하지만, 천불천탑은 사찰이 아니라 그림이다. 이것은 불교의 구원관과 내세관을 다룬 정토3부경(아미타경, 무량수경, 관무량수경) 가운데 《관무량수경》의 내용을 그림으로 표현한 〈관경16관변상도〉이며, 그림의 주제는 '정토왕생'이다. 천불천탑은 운주골 대자연에 조성된 3차원 〈관경16관변상도〉이자 왕립극락정토 체험장이었다. 천불천탑은 지방 호족세력의 후원으로 세울 수 있는 규모의 조형물이 절대 아니다. 나중에 천불천탑의 조성시기, 조성주체, 조성목적을 이야기할 때 상세히 다루겠지만, 천불천탑은 고려 후기에 개경의 왕실과 권문세족의 재정 지원을 받아 대규모 건설 인력이 투입되어 단기간에 조성된 아미타불의 서방정토였다. (본고에서는 고려왕도 개경의 지원을 강조하기 위해 '왕립'이란 단어를 사용하였다.)

구층석탑 앞에 서면, 관람자는 아미타불의 서방정토에 왕생한 것이다

천불천탑 공간을 구성하는 네 개의 정토(불회, 상·중·하배관) 가운데 마지막 네 번째 극락정토인 하배관은, 대승경전을 비방하지는 않는다 하더라도 어리석은 탓에 온갖 나쁜 짓을 하면서도 참회하고 부끄러워할 줄 모르는 하품상생(下品上生), 계율을 범하고 물품을 훔치고 갖가지 악업을 짓고도 도리어 자기가 옳고 장하다고 뽐내는 하품중생(下品中生), 갖가지 악업을 지어 그 무거운 죄업의 과보로 응당 지옥, 아귀, 축생 등 삼악도에 떨어져 오랜 겁 동안 한량없는 괴로움을 받을 하품하생(下品下生) 수행자가 목숨이 다했을 때 선지식을 만나 아미타불의 법문을 듣거나 아미타불을 열 번만 온전히 부르면 부처님의 이름을 부른 공덕으로 왕생하는 극락정토이다. 물론 극락정토에 왕생한다 할지라도 이곳의 주존불인 관세음보살을 곧바로 친견할 수는 없으며, 하배관 연못의 연꽃봉오리 속에 갇혀 오랜 세월 참회해야만 비로소 꽃봉오리가 열리면서 관세음보살을 친견할 수 있다.

서복사장 〈관경16관변상도〉를 설계도 삼아서 운주골에 아미타 극락정토를 건설한 현장 감독의 마스터플랜에 의하면, 〈관경16관변상도〉의 제16관(하배관)에 해당하는 천불천탑 영역은 동냥치탑-석불군 (가),(나)-구층석탑-칠층석탑-쌍교차문칠층석탑-광배불상을 포함하는 공간이다. 이제 하배관 정토에 설치된 이들 조형물의 상징성을 〈관경16관변상도〉의 도상을 이용하여 해석해 보자.

운주사 일주문을 통과하여 천불천탑 공간을 향해 걸어가다 보면 구층

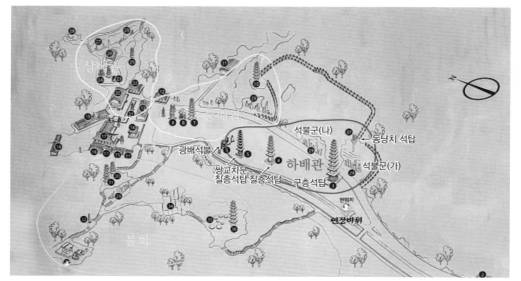

그림 52. 천불천탑 공간에서 서복사장 〈관경16관변상도〉의 제16관(하배관)에 해당하는 영역

석탑 조금 못 미처 연장 바위로 불리는 거친 바위 아래에 원반형 석재가 두어 개 놓여 있는 것을 볼 수 있다. 이것은, 앞서 이야기한 바와 같이, 정토 장엄물인 7층보수탑의 잔해(옥개석)이다. 이 영역은 〈관경16관변상도〉의 제16관(하배관)에 해당하므로 이곳에도 예외 없이 정토 장엄물인 7층보수탑이, 현재 정확한 위치는 알 수 없으나, 입구의 좌·우에 각 1기씩 2기가 놓여 있었을 것이다. 연장 바위를 지나 30m쯤 앞으로 걸어가면 늘씬한 구층석탑과 석불군 (가)-(나) 그리고 암벽 위에 설치된 동냥치탑이 하품왕생자를 맞이한다. 서복사장 〈관경16관변상도〉의 하배관을 살펴보면, 제16관을 구성하는 세 채의 전각(하품삼배지전)마다 관세음보살과 대세지보살이 한가운데 정좌하고, 그 좌·우에는 여러 보살과 악기를 연주하는 수많은 천인이 운집해 있다. 그러나 천불천탑의 하배관 정토에 이 장면을 재현할 때는 상배관과 중배관 정토와 마찬가지로 대좌에 앉은 화신불과 비구로 보이는 석인상만 다듬어 암벽에 기대어 놓았다. 또한 잘 다듬지 않은 자연석을 옥개

석으로 사용한 5층석탑(일명 동냥치탑)이 석불군 (가)의 암벽 위에 자리 잡고 있는데, 하배관이 사바세계에서 '형편없이 굴던 자'들이 임종 후 왕생하는 서방극락정토라는 점을 감안하면 석탑을 왜 저렇게 초라하게 만들었는지 알 것 같기도 하다.

천불천탑은 사찰이 아니라 3차원 불화이다

하배관 영역에서 눈에 띄는 조형물은 천불천탑 공간에서 가장 키가 크면서 탑신에는 이중 마름모(◇) 안에 열십자형(十) 꽃잎 문양이 새겨진 구층석탑(높이: 10.7m)과 탑신에 X꼴 문양이 쌍으로 새겨진 쌍교차문칠층석탑(높이: 7.75m)이다. 우리나라의 사찰에 세워진 수많은 석탑 가운데 탑신에 기하문양이 새겨진 것은 천불천탑의 석탑이 유일하다. 무엇보다 뜻을 알 수 없는 희한한 기하문양은 천불천탑 공간을 더욱 신비롭게 만든다. 관련 학계의 몇몇 학자들이 이 기하문양(◇, X)의 유래와 상징성을 풀어냈는데, 크게 외래 문양설과 우리네 전통 문양설로 나뉜다. 외래 문양설은 천불천탑의 기하문양이 티베트 가옥의 창살 문양이나 만다라 문양 또는 몽골의 전통 문양이나 몽골 텐트의 뼈대에서 유래된 문양이라 주장한다. 전통 문양설은 이 기하문양이 우리 한옥의 창살이나 공주 송산리에 있는 백제시대 벽돌무덤의 벽돌 문양에서 쉽게 관찰되기 때문에 이 기하문양의 유래를 굳이 외국에서 찾을 이유는 없다고 주장한다.

천불천탑 공간에서 발견되는 기하문양은 크게 네 종류(◇, X, ∨, ⦀)로 분류할 수 있다. 이 기하문양의 유래와 상징성에 대해서는 다음 편에서 자세히 설명하겠지만, 필자의 고대 문양 연구에 의하면, 이 기하문양은 티베트, 몽골, 인도에서 건너온 외래 문양도 아니고, 우리네 전통 문양도 아니다. 천불천탑의 기하문양은 단 하나도 예외없이 고려 불화와 불구에서 널리 사

그림 53. 천불천탑의 구층석탑 앞에 서면, 관람자는 아미타 서방정토에 왕생한 것이다. 암벽 아래 운집한 수많은 화신불과 비구가 극락정토 왕생자를 맞이하고 있다.

용된 불교의 장식문양이다. 이 가운데 ◇, X, ∨꼴 문양은 천불천탑의 설계 도인 〈관경16관변상도〉에서도 아미타 서방정토를 장엄하는 장식 문양으로 사용되었다. (공주 송산리 백제 벽돌고분의 벽돌문양에는 X꼴 문양이 보이는데, 이것 역시 불교미술의 장식문양과 연관이 있을 수 있다.)

네 종류의 기하 문양 가운데 가장 중요한 것은 ◇과 X꼴 문양이다. 왜냐 하면 이 문양은 대승불교의 전달통로였던 서역북로(카슈가르-쿠차-투르판- 둔황-란저우-시안)에 위치한 수많은 불교 석굴(키질석굴, 쿰트라 석굴, 둔황석 굴, 안서 유림굴 등)에서 벽화의 테두리 장식문양으로 사용되었기 때문이다. 이 내용은 이어지는 다음 편에서 더 상세히 다룰 예정이므로, 본 편에서는 맛보기 차원에서 ◇, X꼴 문양이 서역의 불교 유물이나 석굴 벽화에서 어 떤 방식으로 사용되었는지 두 가지 실례를 보여주고자 한다. 아래의 〈그림 54〉-(1) 및 (2)는 천불천탑의 하배관 정토에 세워진 구층석탑과 칠층석탑

그림 54. (1),(2) 천불천탑의 석탑에 새겨진 기하 문양(◇, X)은 서역에서 건너온 불교의 장식문양이다. (3) 부처의 발바닥 부조 (간다라, 2-4세기)의 테두리 장식문양은 칠층석탑의 기하문양(X)과 완벽히 똑같다. (4) 둔황 막고굴 벽화의 테두리를 두른 띠 문양은 구층석탑의 기하문양(◇)과 완전 판박이다.

이며, 이 석탑의 몸돌에는 이중 마름모(◇) 내부에 열십자형(╋) 꽃잎 문양 및 XX꼴 문양이 새겨져 있다.

〈그림 54〉에서 볼 수 있듯이, 천불천탑의 기하문양과 거의 똑같은 문양을 불상의 탄생지인 간다라에서 만든 부조와 불교 미술관으로 일컬어지는 둔황 막고굴의 벽화에서 발견할 수 있다. CE 2-4세기 무렵에 간다라에서 만든 부처의 발바닥을 새긴 부조는 사람 모습을 한 불상이 탄생하기 이전, 그러니까 무불상(無佛像)시대의 전통이 남아 있는 유물이다. 여기서 발바닥은 부처를 상징한다. 발바닥 안에는 부처의 설법을 상징하는 진리의 수레바퀴(법륜)가 있고, 발가락에는 불교의 상징인 만(卍) 자가 새겨져 있는데, 천불천탑의 쌍교차문 칠층석탑의 X꼴 문양과 생김새가 똑같은 문양으로 직사각형 부조의 테두리를 빙 두른 것을 볼 수 있다. 또한, 둔황 막고굴의 벽화에는 천불천탑의 구층석탑에서 볼 수 있는 이중 마름모(◇) 안에 열십

129

자형(十) 꽃잎이 있는 문양으로 벽화의 경계를 따라서 띠 장식한 것을 볼 수 있다.

다음 편에서 더 상세히 설명하겠지만, 지금까지 우리나라 학계에서 티베트 문양, 몽골 문양, 또는 힌두 문양으로 추정하였던 천불천탑의 기하문양(◇. X)이, 사실은 CE 1세기 무렵부터 시작된 대승불교의 동아시아 전파와 함께 고려에 전달된 불교의 오래된 전통 문양임은 분명하다. 천불천탑의 기하문양은 고려 문명을 다시 살펴보라는 무언의 신호를 우리에게 끊임없이 보내고 있었지만 실크로드 학문 분야에서 안테나가 짧은 우리가 그 신호를 받아들이지 못했다. 우리의 고려 문명은 한반도에 고립된 문명이 아니었으며, '실크로드'로 불린 유라시아 문명 네트워크를 통해서 서역과 북인도까지 연결되어 있었음을 천불천탑의 기하문양은 우리에게 말없이 보여주고 있었다.

이제 우리는 천불천탑의 기하문양이 북인도와 서역에서 전래된 불교미술의 장엄 문양이라는 것을 확실히 알았다. 그런데 왜 하필 석탑의 탑신에다 불교미술의 장엄 문양을 새겨 놓았을까? 그것은 바로 천불천탑이 사찰이 아니라 그림(불화)이기 때문이다. 천불천탑은 2차원 〈관경16관변상도〉를 설계도 삼아 운주골에 조성된 3차원 〈관경16관변상도〉이기 때문에, 불교미술에서 흔히 사용된 장엄 문양으로 석탑의 탑신을 예쁘게 장식했던 것이다. 천불천탑의 기하문양은 이곳이 사찰이 아니라 대자연을 화선지 삼아 그린 3차원 불화(관경16관변상도)임을 말없이 증언하고 있다.

불화의 테두리를 장식한
마름모 문양

운주사 천불천탑을 구경하기 위해 매표소를 통과하여 300m쯤 걸어가면 구층석탑과 마주하게 된다. 이 석탑은 키가 10여m에 달하여 첫인상부터 늘씬한 느낌을 주는데, 탑신과 옥개석(지붕돌)의 밑면에는 뜻을 알 수 없는 기하문양이 새겨져 있어 신비감마저 불러일으킨다. 우리나라에서 탑신에 기하문양이 새겨진 석탑은 운주사 천불천탑 말고는 없기 때문에, 구층석탑 앞에 선 관람객은 석탑에 서려 있는 신비함과 낯섦에 이끌려 요모조모 살펴보느라 쉽게 자리를 뜨질 못한다.

운주사 혹은 천불천탑이 티베트의 밀교 사찰이나 몽골 사찰이라는 주장이 나오게 된 배경에는 석탑의 기묘한 문양도 한몫을 단단히 했다. 몇몇 학자들이 천불천탑 기하문양의 유래와 상징성을 풀어보려 노력했지만, 머리를 끄덕일 만큼 설득력 있는 주장은 아직까지 눈에 띄질 않는다.

〈그림 55〉에 보인 것처럼, 천불천탑의 기하문양은 사각형 석탑의 탑신이나 옥개석에서 관찰되며 크게 네 종류(◇, X, ∨, ⫶⫶⫶)로 분류할 수 있다. 필자의 고대 문양 연구에 의하면, 이 기하문양은 지금까지 일부 학자들이 주장하는 것처럼 티베트, 몽골, 인도에서 건너온 외래 문양도 아니고, 우리네 전통 문양도 아니다. 이 문양은 하나같이 고려 불화와 불구에서 널리 사용된 불교의 장엄 문양이다. 더 놀라운 사실은 이 모든 기하문양이 대승불교의 전달통로였던 서역북로(카슈가르-쿠차-투르판-둔황-란저우-시안)에 위치한 수

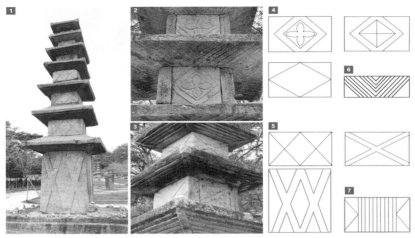

그림 55. 천불천탑의 석탑에 새겨진 각종 기하문양: (1) 칠층석탑, (2) 구층석탑, (3) 칠층석탑, (4)-(7) 방형석탑의 탑신에 새겨진 각종 기하문양 (전남대 운주사 발굴보고서)

많은 불교 석굴에서 벽화의 장식문양으로 사용되었다는 것이다. 더욱이 X 꼴 문양은 서역의 석굴 벽화 시기로부터 훨씬 더 거슬러 올라가 쿠샨 제국의 고대 도시(간다라, 마투라, 베그람)에서 출토된 불상, 부조, 장식에서도 심심치 않게 관찰된다. 이러한 사실은 인도의 대승불교가 북인도-서역-중국-한반도로 이어진 실크로드를 따라 동아시아에 전달될 때, 장엄 문양의 하나인 기하문양(◇, X, ▽, ▥)도 불교미술과 함께 전달되었다는 것을 시사한다.

천불천탑의 기하문양(◇, X)은 불화의 테두리 장식용 문양이다

고대 그리스·로마 문명에서는 건물 바닥이나 벽면에 그린 모자이크 그림의 테두리를 흔히 메안데르 무늬(우리나라와 중국에서는 번개무늬로 불린다), 파도 무늬, 노끈 무늬로 장식했다. 동아시아의 불교 문명권에서도 불화의

그림 56. (왼쪽) 고대 그리스·로마의 테두리 장식 문양, (오른쪽) 동아시아 불교 문명권에서 사용한 불화의 테두리 장식 문양

테두리를 장식하는 다양한 기하문양이 있었는데, 대표적인 것이 마름모꼴(◇) 문양과 교차선(X) 문양이다. 필자의 관찰에 의하면, 마름모꼴 무늬는 벽화의 테두리를 두르는 용도로 사용되었고, 교차선 무늬는 부처의 금강대좌를 두르는 띠 장식문양으로 흔히 사용되었다.

그러면, '천불천탑의 기하문양(◇, X)은 불화의 테두리 장식용 문양'이라는 필자의 주장을 강력히 뒷받침하는 증거를 살펴보자. (본 편에서는 ◇꼴 문양만 다루었다) 〈그림 57〉-(1)은 북인도의 대승불교가 파미르 고원을 넘어 서역으로 진출한 이래 가장 이른 시기(CE 3세기)에 개굴된 키질 석굴(제118굴)의 벽화이다. 벽화의 주제는 고타마 싯다르타 왕자가 애욕이나 쾌락과 같은 인간의 원초적 욕망을 이미 버렸음[離欲]을 나타낸 것이다.[5] 이 그림에

---

5) 카필라국의 고타마 싯다르타 왕자는 생로병사의 고통에서 벗어나는 길을 찾기 위해 출가 수도를 결심하게 된다. 이를 눈치챈 부왕(정반왕)은 출가를 막기 위해 싯다르타 왕자에게 새로운 궁전을 지어주고 많은 궁녀를 제공하지만 그는 전혀 관심을 보이지 않는다. 키질 제118 석굴의 벽화는 이 장면을 그린 것이다.

그림 57. 이중 마름모 안에 열십자(+) 꽃무늬가 있는 불교유물: (1) 키질 제118굴의 벽화 (CE 3–4세기), (2) 키질 제17굴의 벽화 (CE 4–5세기)

서 눈길을 끄는 것은 이중 마름모(◇) 안에 열십자(+) 꽃잎이 있는 테두리 장식문양으로, 이는 천불천탑의 구층석탑 탑신을 장식한 문양과 매우 비슷하다.

〈그림 57〉-(2)는 마름모꼴로 구획한 천장에 부처의 본생담을 그려 넣고 라피스 라줄리(청금석)로 푸른색을 낸 제17굴의 벽화를 보인 것이다. 이 굴의 사각형 방과 아치형 천장이 접하는 경계를 따라서 이중 ◇ 안에 + 문양이 있는 기하문양으로 띠를 둘렀는데, 이 문양 역시 구층석탑의 기하문양과 비슷한 형태이다. 차이점이라면 제17굴의 열십자 모양의 꽃잎은 버들잎처럼 매끈하지 않고 끝에서 세 갈래로 갈라졌다는 것이다. 그럼에도 불구하고 두 문양은 기하학적으로 똑같은 문양으로 판단된다.

그림 58. (1) 키질 석굴(제123굴)의 벽화: 천장의 사각 테두리를 따라서 이중 ◇ 안에 + 문양으로 띠 장식하였다. (제작시기: 650년), 노란색 사각형 박스(장식 문양)를 확대한 것이 (2)와 (3)이다

〈그림 58〉은 키질 석굴(제123굴)의 사각형 주실 출입구의 오른쪽 벽면을 장식한 불화이다.[6] 주실의 천장은 사각형에 동그란 원이 내접한 형태로, 천장의 네 변을 따라서 경계석을 두르고 이 위에 둥근 돔을 얹었다. 화면 오른쪽 벽면의 커다란 부처상은 미륵불이며, 왼쪽(출입구 쪽)에 광배가 있는 불상은 설법을 하는 석가모니 부처이다. 여기서 석가모니 부처가 좌정한 연화대좌의 아랫부분에 교차문(X)이 보이며, 돔형 천장의 사각 테두리에는

---

6) 키질 제123굴은 '링을 입에 물고 있는 비둘기(ring-bearing doves)' 문양으로 부처의 광배 테두리를 띠 장식한 벽화로 유명하다. 서양 학계에서는 이 새를 비둘기라 부르지만, 날개를 펼친 새의 몸통에 코가 큰 서역인을 닮은 사람의 머리가 달려 있어 고구려 고분벽화의 인면조나 가릉빈가를 연상시킨다.

그림 59. 둔황 석굴의 벽화: 부처와 협시보살을 그린 벽화의 테두리를 이중 ◇ 안에 ✛ 문양으로 띠 장식한 것을 볼 수 있는데 천불천탑의 기하 문양과 판박이라 할 만큼 닮았다. 사진 (1),(2)에 보인 벽화의 테두리를 장식한 띠 문양을 크게 확대한 것이 사진 (3),(4)이다.

이중 ◇ 안에 ✛ 문양이 띠 장식된 것이 관찰된다.

〈그림 59〉는 불교 미술관으로 불리는 둔황석굴의 벽화이다. 부처와 협시보살을 그린 벽화의 테두리를 이중 ◇ 안에 ✛ 문양으로 띠 장식한 것을 볼 수 있는데, 이 문양의 생김새는 천불천탑의 구층석탑 탑신에 새겨진 기하문양과 판박이라 할 만큼 닮았다.

다음에는 육상 실크로드의 동쪽 끝에 위치한 우리나라의 불교 유물에서 마름모 문양(◇)을 살펴보자. 마름모 문양은 순천 송광사에서 보관 중인 고려 경패의 테두리 장식 문양에서 찾아볼 수 있다. 경패는 경전을 넣은 함 바깥에 달아서 어떤 경전이 보관되어 있는지 밖에서 알 수 있도록 한 일

그림 60. 마름모(◇) 문양은 순천 송광사에서 보관 중인 고려 경패에서 확인할 수 있다. 두 문양은 키질 석굴과 천불천탑의 마름모꼴 문양과 매우 비슷하다. 사진 (1),(2)에서 노란색 직사각형 부분을 크게 확대한 것이 사진 (3),(4)이다.

종의 꼬리표로, 한 면에는 경전의 명칭과 권의 숫자를 새겼고 반대 면에는 부처와 보살, 신장 등을 새겼는데 바깥 테두리를 다양한 불교 장엄 문양으로 장식했다. 〈그림 60〉에서 볼 수 있는 것처럼, 경패의 윗부분을 이중 ◇ 안에 ╪형 꽃문양이나 마름모꼴 문양으로 띠를 두르듯 장식한 것을 볼 수 있다. 이 두 문양을 크게 확대한 〈그림 60〉-(3) 및 (4)에서 볼 수 있듯이, 고려 경패의 두 문양은 키질 석굴과 천불천탑의 마름모꼴 문양과 매우 비슷하다. 〈그림 61〉-(1) 및 (2)에 보인 바와 같이, 고려 후기에 제작된 〈관경16관변상도〉에도 이중 마름모 안에 + 문양이 관찰된다. 일본의 지은원 및 인송사 소장 관경16관변상도(제작 년도: 1323년)의 맨 아래에 위치한 산선3관

137

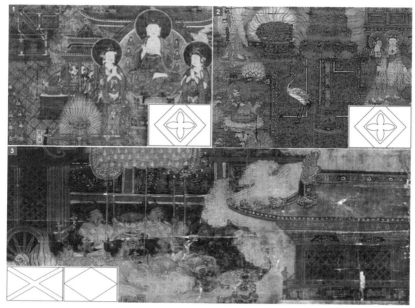

그림 61. 천불천탑의 기하문양(◇, X)은 고려 불화에서도 관찰된다. (1) 관경16관변상도(지은원 소장본), (2) 관경16관변상도(인송사 소장본), (3) 미륵하생경 변상도(지은원 소장본)

(제14관-제16관)을 살펴보면, 아미타불이 극락왕생자를 맞이하기 위해 궁전과도 같은 전각의 금강대좌에 결가부좌하고 있고, 협시보살인 관세음보살과 대세지보살이 그의 좌우에 서 있다. 극락세계의 장엄과 화려함을 표현하기 위해 궁전의 바닥을 이중 ◇ 안에 +형 문양이 있는 타일로 덮었다. 이 타일 문양의 생김새는 구층석탑의 기하문양과 외형상 완벽히 똑같지는 않지만, 둔황석굴의 벽화에는 이 두 문양이 테두리 장식문양으로 사용됐다는 사실로부터 동일 계열의 문양으로 판단된다. 〈그림 61〉-(3)은 고려 후기에 제작된 미륵하생경변상도이다. 화면을 크게 이등분하여 위에는 미륵불이 용화수 아래서 중생들을 성불시키기 위해서 설법하는 장면을 그렸고

	키질 석굴		둔황 석굴	
서역 문양				
	경패	아미타변상도	관경16관변상도	천불천탑
고려 문양				

그림 62. 서역문양 4종과 고려문양 4종은 시대와 지역에 따라 약간씩 변형된 모습을 보이고 있지만 같은 뿌리에서 나온 문양이다. 천불천탑 공간에서 구층석탑의 탑신에 새겨진 문양은 둔황석굴의 문양을 빼닮았다.

아래에는 미륵의 하생지(下生地)로 알려진 계두성(鷄頭城)의 여러 모습을 그렸다. 계두성 전각의 창살 문양과 마차의 창살 문양은 보는 시각에 따라 교차문(X)이나 마름모문(◇)으로 보이며, 이 문양은 천불천탑의 기하문양(X, ◇)과 완벽히 일치한다.

위에서 살펴본 바와 같이, 천불천탑의 구층석탑을 장식한 이중 마름모(◇) 안에 열십자(十) 형 꽃잎 문양은 서역의 석굴 벽화 및 고려시대 불화와 불구에서 흔히 사용된 장식문양과 똑같은 문양임을 알 수 있다. 이를 하나의 표로 정리하여 〈그림 62〉에 보였다. 여기에 보인 서역 문양 4종과 고려 문양 4종은 시대와 지역에 따라 조금씩 변형된 모습을 보이고 있지만 문양의 기원을 추적해보면 똑같은 뿌리에서 나온 문양이다. 그럼에도 외관상서로 닮은꼴 문양끼리 짝을 지어 본다면, 고려 경패의 문양은 키질 석굴의 문양과 닮았고, 고려 변상도의 타일 문양 및 천불천탑의 꽃잎 문양은 둔황석굴의 문양을 빼닮았다.

금강대좌를 장엄한
교차선 문양

칠층석탑의 기하문양은 X꼴인가? ◇꼴인가?

〈그림 63〉에 보인 것처럼, 천불천탑 공간에서 X꼴 문양은 두 곳(하배관 및 불회 공간)에 세워진 칠층석탑의 몸돌에 새겨져 있다. 그런데 한쪽 방향으로 X를 몇 개 이어붙이면 이방 연속무늬가 되어 이 문양이 원래 X꼴 문양인지 아니면 ◇꼴 문양인지 헷갈리게 되는데, 칠층석탑의 X꼴 문양이 딱 그런 경우이다. 〈그림 63〉-(3) 및 (4)에 보인 것처럼, 90도 각도를 이루는 탑신의 두 면에 새겨진 X꼴 무늬를 동일 면상에 펼쳐놓고 보면, 이 문양이 X꼴인지 ◇꼴인지 아리송해진다. 본 모습이 무엇인지 헷갈리는 문양이 또 하나 있는데, 그것은 중배관 영역의 동쪽 산허리에 세워진 칠층석탑의 수직문(〉IIII〈)이다. 인접한 두 면에 새겨진 수직문을 동일 면상에 펼쳐 보이면 안보이던 마름모 문양이 홀연히 나타난다.

이런 까닭으로 인해 천불천탑의 기하문양의 유래와 상징성에 관해 연구했던 몇몇 학자는 천불천탑의 마름모(◇ ◆), 교차선(X, XX), 수직선(〉IIII〈) 문양은 기본적으로 마름모(◇) 도형의 변형이라 주장한다. 또한 마름모꼴 기본 도형은 티베트 사원의 창살이나 만다라 문양 혹은 몽골의 전통 문양이나 몽골 텐트(게르)의 뼈대 구조에서 유래되었다고 말한다. 그러나 필자의 전통문양 연구에 의하면, 천불천탑의 모든 기하문양은 한결같이 북인도-서역-중국-한반도를 잇는 실크로드 지역에서 불교가 융성했던 시기에

그림 63. 칠층석탑의 기하문양은 ╳꼴인가? ◇꼴인가? (1),(2) 천불천탑의 칠층석탑, (3),(4) 황호균의 사찰문화재 바로 알기 (전남일보, 2020. 6. 18)

불교미술에서 널리 사용된 장식 문양이었으며, 각 문양마다 쓰임새도 달랐다.

천불천탑의 기하문양 4종에 대해서 앞으로 총 5회에 걸쳐 문양의 용도, 상징성 또는 그 기원에 관해 상세히 설명하겠지만, 독자의 이해를 돕기 위해 기하문양의 핵심 내용만 추려서 〈표 3〉에 보였다.

마름모(◇, ◈) 문양: 천불천탑 공간에서 (하배관 영역에 세운) 구층석탑과 (상배관 영역에 세운) 삼층석탑에서 볼 수 있다. 이 문양이 관찰되는 고려시대 불교 유물로는 경패와 변상도가 있으며, 서역의 키질석굴과 둔황석굴의 일부 벽화에서도 관찰된다. 주로 불화의 테두리 장식문양으로 사용되었다.

교차선(╳, ╳╳) 문양: 천불천탑 공간에서 (하배관과 불회 영역에 각기 세운)

<표 3> 천불천탑 공간의 사각형 석탑을 장식한 기하문양 종류: 이 문양은 북인도·서역·중국·고려의 불교미술에서 장식문양으로 널리 사용되었으며 문양마다 쓰임새도 달랐다.

번호	천불천탑			용도	고려 미술	북인도, 서역 미술
	기하문양	지붕 돌	몸 돌			
1	구층석탑 (하배관)	(겹친 꺾쇠)	(마름모+꽃잎)	서까래 문양, 테두리 장엄문양	경패, 변상도	키질 석굴, 둔황 석굴
2	칠층석탑 (하배관)		(교차선)	금강대좌 장엄문양, 테두리 장엄문양	변상도	간다라, 마투라, 키질 석굴, 쿰트라 석굴, 베제클리크, 둔황 석굴, 열수대묘
3	칠층석탑 (불회)		(교차선)			
4	칠층석탑 (중배관)	(창살)	(수직선)	천개의 장엄문양 (창살, 꽃술무늬)	변상도	둔황 석굴
5	삼층섭탑 (상배관)		(마름모)	테두리 장식문양	경패, 변상도	베그람, 키질 석굴

칠층석탑에서 볼 수 있다. 이 문양이 관찰되는 불교 유물로는 고려 변상도와 북인도-서역-중국을 잇는 실크로드에 위치한 수많은 석굴 벽화와 불상이 있다. 주로 부처가 좌정한 금강대좌를 장식하는 문양으로 사용되었다.

수직선(〉||||〈)과 창살(▧) 문양: 천불천탑 공간에서 아미타불을 모신 중배전(석조불감)의 동쪽 산허리에 설치된 칠층석탑에서 볼 수 있다. 이 문양은 고려 변상도와 둔황석굴의 변상도 벽화에서 부처의 머리 위쪽 허공에 설치된 천개(보개)의 장식과 비슷하다.

겹친 꺾쇠(∨) 문양: 천불천탑 공간에서 (하배관에 설치된) 구층석탑의 지붕돌(옥개석) 밑면에 새겨져 있다. 이 문양은 고려 변상도와 둔황석굴의 변상도 벽화에서 볼 수 있는데, 극락왕생자를 맞이하기 위해 아미타불(또는 관세음보살)이 나투신 궁전의 팔작지붕을 떠받는 서까래를 표현한 것이다.

천불천탑은 세계 최초 대지미술 작품이다

천불천탑 공간에서 발견되는 모든 기하문양은 북인도-서역-중국-고려를 잇는 불교 문명권에서 불화, 불상, 불구(불교 용품)의 장식 문양으로 흔히 사용되었다. 제4장의 첫 번째 글(천불천탑의 기하문양은 불교미술의 장엄문양이다)에서 크게 강조했지만, 우리나라에서 유일하게 천불천탑의 석탑에서만 기하문양이 관찰되는 이유는 천불천탑이 사찰이 아니라 극락정토를 표현한 3차원 그림이기 때문이다. 고려인들은 운주골 대자연에 아미타 극락정토에 왕생할 수 있는 16가지 관불수행법을 그림으로 표현한 〈관경16관변상도〉를 조성하면서 2차원 불화에서 흔히 사용된 장엄문양을 사용하여 구층석탑, 칠층석탑 및 삼층석탑을 예쁘게 꾸몄던 것이다. 천불천탑은 고려 후기에 만든 세계 최초, 세계 유일 3차원 〈관경16관변상도〉였다. 〈관경16관변상도〉는 아미타불이 거처하는 극락세계를 묘사한 것으로 그림의 주제는 극락왕생이다. 따라서 천불천탑의 완성은 불교신도들이 이곳 극락세계에 왕림하여 나무아미타불을 외치거나 불경(법화경)을 염송할 때 비로소 이루어지기 때문에 천불천탑은 세계 최초 대지미술 작품(Land Art Megasculpture)이라고 볼 수 있다.[7]

---

7) 대지예술, 대지미술(Land Art, Earthworks): 드넓은 대지의 표면이나 내부에 어떤 형상을 디자인하거나 인공 조형물을 세워 자연경관 속에 작품을 만들어내는 예술로, 1960년대 후반 미국에서 출현한 미술사조이다.

천불천탑의 교차선(X) 문양은 금강대좌 장식용 문양이다

 그러면, 세계 최초 대지미술 작품인 천불천탑을 예쁘게 꾸미는 데 사용된 4종의 기하문양 가운데 바로 앞글에서 설명한 ◇꼴 문양에 이어 이번 글에서는 X꼴 문양이 어디에 주로 사용되었는지 이 문양이 채용된 불교유물을 통해 확인해보자.

 〈그림 64〉에 보인 불교 유물은 북인도와 서역에서 제작된 것이다. 맨 왼쪽의 부처의 발바닥을 새긴 부조는 2-4세기 무렵 불상의 탄생지인 북인도 간다라에서 제작된 부조이다. 천불천탑의 칠층석탑에서 볼 수 있는 교차선(X)으로 부처를 상징하는 발바닥을 경배하듯이 띠를 둘렀다. 가운데 사진은 서역의 실크로드(서역북로)에 자리 잡은 키질석굴(제38굴)의 벽화(공양도)이다. 한 불교신자가 부처에서 공양물을 바치는 모습을 그린 벽화에서 부처가 가부좌로 앉은 금강대좌를 살펴보면 X꼴 문양으로 띠 장식한 것을 볼 수 있다. 맨 오른쪽 유물은 토욕혼 왕국의 열수대묘에서 출토된 비단 자수이다. 토욕혼은 티베트 고원을 동서로 가로지르는 청해의 길을 이용한 동서무역으로 5-7세기에 번영을 누렸던 고대 왕국이다. 그림에는 여섯 필의 말이 이끄는 황금마차의 중앙에 놓인 연화대좌 위에 태양신 아폴론이 선정인(禪定印) 자세로 앉아 있다.[8] 즉, 이 비단자수의 그림은 그리스 신화의 아폴론 모습을 한 부처상이다. 또 대표적인 그리스 문양인 파도 문양이 아폴론 부처상을 동그랗게 에워싸고 있다. 이 토욕혼의 비단자수는 헬레니즘 문화가 서역의 불교미술에 녹아들어가 있음을 보여준다. 여기서

---

 8) 선정인(禪定印, dhyāna-mudrā) : 부처가 선정에 든 모습을 상징하는 인상이다. 결가부좌 자세에서 오른손과 왼손을 위쪽을 향하여 단전 앞에 모으고 오른손 엄지와 왼손 엄지를 맞대는 모습이다.

그림 64. X꼴 문양이 등장하는 불교유물: (1) 부처의 발바닥 부조 (2-4세기, 간다라), (2) 키질석굴의 공양도, (3) 아폴론 부처를 그린 비단자수 (5-7세기, 토욕혼)

눈길을 잡아끄는 것은 부처가 좌정한 황금마차를 치장한 X꼴 이방 연속 무늬이다. (이 문양은 공주 송산리 백제 벽돌무덤(특히 6호분)의 벽돌 문양과 똑같다. 이것은 송산리 백제의 벽돌 문양이 불교의 장엄문양에서 비롯된 것임을 암시한다.)

〈그림 65〉에 보인 바와 같이, 교차문은 쿠샨제국의 두 번째 수도이자 불상의 탄생지인 마투라에서 제작한 석가모니불좌상에서도 찾아볼 수 있다. 두려움과 의심을 없애주는 수인(시무외인)을 취하고 있는 석가모니불이 가부좌한 사각형 대좌를 살펴보자. 한가운데에 진리의 수레바퀴가 기둥 위에 얹혀 있고 양 옆으로 꽃을 들고 있는 수행원과 날개 달린 사자가 새겨져 있다. 여기서 진리의 수레바퀴가 얹힌 기둥을 크게 확대해서 살펴보면, X꼴 꽃잎처럼 생긴 문양 세 개가 보이는데 천불천탑의 교차문과 생김새가 매우 비슷하다. 가운데 사진은 대만의 국립고궁박물관에 전시된 태화원년

그림 65. X꼴 문양이 등장하는 불교유물: (1) 석가모니불좌상 (1세기, 마투라), (2) 석가모니불좌상 (477년, 북위), (3) 부처의 설법도(쿰트라 천불동, 제23굴)

명 청동도금 석가모니불좌상이다. 북위 효문제가 즉위한 해(477년)에 제작된 이 금동불의 대좌에는 고대 그리스에서 유래된 몇 가지 헬레니즘 문양이 장식되어 있다. 여기서 주목해야 할 것은 연화대좌의 목 부분을 장식한 X꼴 꽃잎 문양으로 마투라의 석가모니불좌상의 금강대좌에서 볼 수 있는 X꼴 문양과 판박이다. 위 오른쪽 사진은 실크로드의 고대왕국 쿠차에서 서쪽으로 25km 거리에 있는 쿰트라 천불동(제23굴)의 남쪽 천장을 장식한 부처의 설법도이다. 앞에서 보인 키질석굴의 공양도와 마찬가지로 석가모니 부처가 가부좌한 금강대좌를 X꼴 문양으로 띠 장식한 것을 볼 수 있다. 여기서 확인할 수 있듯이, 천불천탑 공간에서 칠층석탑의 교차문은 대승불교의 전달통로였던 실크로드(북인도-서역-중국)에서 부처의 금강대좌를 장식하는 문양으로 널리 사용되었다는 것을 알 수 있다.

그림 66. X꼴 문양이 등장하는 서역유물: (1) 석가모니 부처의 열반도 (6세기 말–7세기 초, 키질 제205굴) 다비식을 상징하는 활활 타오르는 화염이 그려진 관뚜껑과 열반에 든 석가모니 부처가 누운 관의 테두리 장식문양을 다시 그린 것이 (2)와 (3)이다.

석가모니는 80세의 노령에 이를 때까지 조금도 쉬지 않고 45년 동안 전도 여행을 계속하였다. 그러나 노령을 극복할 수 없음을 안 석가모니는 생의 종말이 다가옴을 느끼고 마가다국의 수도 라자그리하(왕사성)를 떠나 자신이 태어난 고향 룸비니를 향해 최후의 여행에 나섰다. 길을 가던 도중에 상한 음식을 공양으로 드시고 병까지 얻은 그는 히란야바티 강을 건너 쿠시나가르에 가서 두 그루의 사라나무 아래에 자리를 잡고, 머리를 북쪽에 두고 오른쪽으로 누웠다. 석가모니는 옆으로 누워 있으면서도 최후의 순간까지 가르침을 받고자 하는 사람들을 위해 법(진리)을 설하시곤 열반에 들었다. 〈그림 66〉은 부처의 열반과 다비식을 그린 키질석굴의 벽화이다. 열반에 든 부처의 육신을 관에 뉘이고 화장을 하였는데 관의 테두리와

그림 67. X꼴 문양이 등장하는 고려불화: (1) 아미타경변상도 (고려, 1341년), (2) 대방광불화엄경 세주묘엄품 사경변상도 (고려, 1350년)

뚜껑의 면을 X꼴 문양으로 장엄한 것을 볼 수 있다.

고려시대에 유행했던 사경 변상도에도 교차문과 마름모문이 장식문양으로 흔히 사용되었다. 사경이란 종이에 불교경전을 베껴 쓴 것을 말한다. 고려시대에는 국왕이 주도하여 국가의 어려움을 부처의 힘으로 극복하기 위해서 또는 귀족들이 자신이나 가문의 영화를 빌기 위해서 제작하는 경우가 많았는데 사경의 안쪽 표지에는 경전의 내용을 그림으로 묘사한 변상도를 금니로 그렸다. 〈그림 67〉은 고려 후기에 제작된 사경변상도로 왼쪽의 아미타경 사경변상도에는 X꼴 문양으로 아미타불이 좌정한 연화대좌와 공중의 천개를 장식하였고, ◈ 안에 +형 꽃잎이 그려진 타일로 바닥을 덮어 장엄하였다. 오른쪽의 대방광불화엄경 세주묘엄품 사경변상도에는 비로자나불이 좌정한 연화대좌를 X꼴 문양으로 띠 두른 것을 볼 수 있다.

	마투라(1세기)	간다라(2-4세기)	키질 석굴(7세기)	둔황석굴(8세기)
북인도, 서역 문양				
	화엄경 변상도	아미타경 변상도	미륵하생경 변상도	천불천탑
고려 문양 (14세기 초)				

그림 68. 천불천탑의 X꼴 문양: 북인도와 서역에서 불상이나 석굴의 벽화를 장식하는데 사용했던 문양으로, 1천 년 넘게 이어내려 온 동아시아 불교가문의 정통 문양이다. 서역의 석굴벽화에서는 부처가 좌정한 금강대좌의 테두리를 장식하는 문양으로 주로 사용되었다.

이 고려 변상도의 X꼴 문양은, 바로 앞에서 보았던 실크로드의 여러 불교 유물에서 장식문양으로 사용된 X꼴 문양과 똑같은 문양이며, 천불천탑의 칠층석탑 탑신에 새겨진 X꼴 문양과 완전 판박이 문양이다. 〈그림 68〉에 보인 바와 같이, 천불천탑의 X꼴 기하문양은 오래전부터 북인도와 서역에서 불상이나 불교 석굴의 벽화를 장식하는데 흔히 사용했던 문양으로, 1천 년 넘게 이어내려 온 동아시아 불교가문의 정통 문양이었다.

천개의 꽃술을 표현한
수직선 문양

　천불천탑의 기하문양 4종 세트 가운데 세 번째로 소개할 문양은 수직선 〈)))))(〉 무늬와 창살(▦) 무늬이다. 천불천탑은 운주골에 조성된 아미타불의 서방정토이다. 《관무량수경》에 의하면, 사바세계에서 중간 수준의 수행자가 임종 후 왕생하는 서방정토가 중배관으로, 천불천탑 공간에서는 석조불감이 위치한 곳이다. 석조불감은 중품 왕생자를 맞이하기 위해 아미타 삼존이 나투는 궁전(중배전)이며, 여기서 북쪽으로 10m 거리에 있는 원형 다층석탑은 극락을 장엄하게 보이도록 하는 여러 장엄 장식물 가운데 하나인 7층보배나무를 석탑양식으로 구현한 것이다. 그런데 천불천탑의 설계도인 〈관경16관변상도〉를 살펴보면, 모든 극락 장엄물(보배나무, 보주당, 보좌)은 아미타불이 나투는 전각을 중심으로 좌·우에 하나씩 배치되어 완벽한 좌우대칭 구도를 이룬다. 따라서 7층보배나무를 상징하는 원형다층석탑은 천불천탑 조성 당시에는 1기가 아닌 2기(짝수 개)였을 것으로 판단되며, 설치 위치도 지금처럼 중배전(석조불감)에 좌정한 아미타불의 전신을 완벽히 가리는 남북방향 일직선상이 아니라 〈그림 69〉에 보인 것처럼, 중배전의 좌·우에 하나씩 배치되었을 것으로 추정된다.

　천불천탑 중배관의 동쪽 산허리에 7층석탑이 세워져 있는데, 석탑의 몸돌에는 수직선 무늬가 음각으로 새겨져 있고 지붕돌에도 계단식 층급받침 대신에 창살 무늬가 음각되어 있다. 이 문양은 과연 무엇을 상징할까? 수직

그림 69. 천불천탑은 아미타 서방정토이다. 석조불감과 쌍배불상은 극락왕생자를 맞이하기 위해 중배전에 나투신 아미타불을 나타낸 것이다. 여기서 동쪽 산허리에 세운 칠층석탑의 수직문은 천개의 꽃술 문양으로 짐작된다.

문은 하늘에서 쏟아지는 빗줄기를 묘사한 것으로, 비=풍작=풍요를 상징하므로 수직문은 풍요를 기원하는 문양이라는 주장도 있지만 너무 단편적인 분석이다.

문양의 상징성을 포함하여 천불천탑 미스터리를 푸는 데 있어 반드시 지켜야 할 원칙이 있다면, 생김새가 비슷하다고 해서 아무거나 들이대고 서로 비교하면 안 된다는 것이다. 천불천탑은 고려 〈관경16관변상도〉를 설계도 삼아서 대자연에 조성된 3차원 〈관경16관변상도〉이기 때문에, 여기에 설치된 모든 조형물과 문양의 상징성은 〈관경16관변상도〉를 비롯한 고려불화의 도상학으로 풀어야 한다.

따라서 수직문 칠층석탑도 〈관경16관변상도〉의 중배관을 구성하는 요소들(아미타불, 관세음보살, 대세지보살, 기타 보살, 비구, 천인, 궁전, 보배나무) 가

그림 70. 수직문 칠층석탑의 몸돌과 지붕돌에는 수직문과 창살무늬가 음각되어 있다. 두 문양은 둔황석굴의 변상도 벽화에서 천개를 꾸미는 꽃술 및 창살무늬와 매우 비슷하다.

운데 하나를 표현했을 것임에 틀림없다. 그게 무엇일까? 중배전 궁전에 나투어 극락왕생자를 맞이하는 아미타불은 석조불감과 쌍배불상으로 표현했고, 극락 장엄물인 보배나무는 원형다층석탑으로 묘사했고, 아미타 삼존 옆에서 극락 왕생자를 맞이하는 환영 인파로 볼 수 있는 화신불, 기타보살, 비구, 천인은 석불군 (다) 및 (라)로 나타냈으니 남은 것은 대세지보살과 관세음보살뿐이다. 따라서 동쪽 산허리의 수직문 칠층석탑은 중배관에서 조연급 인물인 두 분 가운데 한 분일 가능성이 높다고 생각한다.

천불천탑은 미스터리의 연속이다. 힘들게 산을 넘었다 싶으면 더 높은 산이 나타나기 일쑤다. 칠층석탑의 상징성을 대략이나마 풀었다 싶었는데 뜻을 알 수 없는 무늬가 테베의 스핑크스마냥 떡하니 나타나서 "내가 무엇인지 맞춰보게나" 하고 말을 건다. 칠층석탑의 몸돌과 지붕돌에는 각각 수직선 무늬와 창살 무늬가 음각되어 있다. 도대체 이 무늬는 무엇을 뜻하는 걸까? 고려인들이 세계 최초 대지미술 작품인 천불천탑(아미타 극락정토)을 조성할 때 아무런 맥락 없이 수직선 무늬와 창살 무늬를 동쪽 산허리에 위치한 칠층석탑에 새겨 넣지는 않았을 것이다.

동쪽 산허리의 칠층석탑에 새겨진 수직선 무늬와 창살 무늬는, 〈그림 70〉에서 볼 수 있는 것처럼, 둔황석굴의 변상도에 그려진 천개의 장식물(꽃술, 문창살)과 매우 비슷하게 생겼다. 거대한 우산처럼 생긴 천개는 부처를 장엄하기 위한 장식물로 머리 위 허공에 설치한다. 천불천탑 공간에 설치된 모든 조형물은 서방정토의 주존불인 아미타 부처에 맞춰 서로 유기적으로 연결되어 있다. 따라서 중배관(서방정토)에 설치된 어떤 조형물이나 문양도 그 상징성을 해석할 때는 '서방정토 극락왕생'이라는 핵심주제와 맥락을 맞춰서 해석을 해야만 그 뜻이 온전히 파악될 수 있다. 그러면, 서방정토의 주존불인 아미타불이 극락왕생자를 맞이하기 위해 좌정한 중배전(석조불감)보다 높은 위치에 있는 칠층석탑에 천개 장식물인 꽃술과 문창살이 새겨져 있다면 이것을 어떻게 해석해야 할까? 이것은 실제로 중배관(서방정토)의 주존불인 아미타불을 장엄하기 위한 천개를 상징적으로 표현한 것은 아닐까?

고려 후기에 제작된 변상도에도 천개가 묘사된 그림이 여러 점 있다. 〈그림 71〉 및 〈그림 72〉에 소개된 고려 변상도를 살펴보면, 천개 장식물인 꽃술과 칠층석탑의 수직선 무늬가 서로 닮았다는 것을 볼 수 있다. 또한 이 두 점의 변상도에는 부처가 가부좌한 금강대좌 혹은 연화대좌를 X꼴 무늬로 멋있게 꾸민 것도 볼 수 있다.

그림 71. (1)칠층석탑의 수직선 무늬는 천개의 꽃술 문양이다. (2)감지은니 대방광불화엄경 정원본 권34 변상도 (고려, 1337년)

그림 72. (1)칠층석탑의 수직선 무늬는 천개의 꽃술 문양이다. (2)감지은니 대방광불화엄경 입부사의 해탈경계 보현행원품 변상도 (고려, 1334년)

궁전의 서까래를 묘사한
겹친 꺾쇠 문양

천불천탑의 기하문양 4종 가운데 마지막으로 소개할 문양은 겹친 꺾쇠무늬(∨)이다. 남쪽 들머리에 위치한 구층석탑의 몸돌에는 ◈ 안에 +자형 꽃잎무늬가 있고, 지붕돌에는 전통적인 계단식 층급받침 대신 겹친 꺾쇠무늬가 새겨져 있어 천불천탑 공간을 더욱 신비롭게 만든다. 천불천탑은 고려 〈관경16관변상도〉를 설계도 삼아서 대자연에 조성된 3차원 〈관경16관변상도〉이기 때문에, 여기에 설치된 모든 조형물과 문양의 상징성은 〈관경16관변상도〉를 비롯한 불화의 도상으로 풀어야 한다. 이에 의하면 겹친 꺾쇠무늬(∨)는 불보살이 머무는 칠보 궁전의 서까래 문양으로 판단된다.

〈그림 73〉은 서복사장 〈관경16관변상도〉의 상배관 그림에서 아미타삼존이 좌정한 전각 부분을 크게 확대한 것이다. 전각은 주심포 기둥 구조에 팔작지붕과 용마루를 얹어 고려 궁전의 격식을 갖췄다. 여기서 전각의 지붕을 살펴보면, 기와지붕과 도리(가로보) 사이에 수많은 빗금이 좌우대칭으로 쳐져 있는 것을 볼 수 있는데 이것은 지붕을 떠받는 서까래를 묘사한 것이다. 전각의 서까래가 이처럼 온전히 드러나 보이는 경우는 지붕 아래에서 위를 올려다보았을 때이다.

그러니까 고려 화가는 정면에서 본 대로 아미타삼존이 좌정한 전각을 그렸지만, 건물의 지붕을 지탱하는 서까래만큼은 건물 아래 연못의 연꽃에서 태어난 극락왕생자의 시선으로 그렸다. 도대체 왜 고려 화가는 아미타

그림 73. 서복사장 〈관경16관변상도〉의 상배관(일부): 정면도인데도 전각의 서까래가 훤히 드러나 보인다. 이것은 전각 아래 극락왕생자의 시선으로 그린 것이다.

불의 궁전을 이중 시점으로 그렸을까? 우리는 그 이유를 둔황석굴의 정토 3부경 벽화에서 찾아볼 수 있다.

전각의 서까래는 아미타 극락정토를 웅장하게 보이게 한다

〈그림 74〉는 둔황 막고굴(제217굴)의 북쪽 벽에 그린 〈관경변상도〉 벽화이다. 그림의 주제는 고려 〈관경16관변상도〉와 똑같은 극락정토 왕생이다. 서방정토를 관장하는 아미타 부처가 연화대좌에 가부좌로 앉아있고 그 좌우에 각각 2명의 협시보살이 서 있는 5존불 구도이다. 공간 장엄물인 천개가 아미타불의 머리 위 허공에 있고, 그 너머 높은 곳에 여러 채의 전각

그림 74. 둔황석굴(제217굴)의 관경변상도(일부). 아미타불을 장엄한 천개 뒤편으로 기다란 나무기둥 위에 전각이 얹혀있다. 연못의 왕생자가 바라보면 서까래만 크게 보인다.

이 품(品) 자형으로 펼쳐져 있는데, 모든 전각은 건물 1층 높이의 기다란 기둥 위에 얹혀 있다. 따라서 지대가 낮은 극락 연못의 연꽃 위에 태어난 왕생자가 감격에 겨워 합장하면서 아미타불을 올려다보는 순간, 천개 너머로 2층 높이의 극락 궁전이 자신을 포위하듯 둘러싼 장엄한 광경이 시야에 들어온다. 위로 올려다보는 왕생자의 눈에는 궁전의 지붕은 잘 안 보이고 좌우대칭으로 시원스레 뻗어나간 서까래만 보인다.

도대체 왜 성당시대 둔황 화가는 극락의 칠보 궁전을 이렇게 그렸을까? 첫째 이유는 1층 높이로 건물을 그리면 아미타불의 머리 위에 있는 천개로 인해 건물이 가려지기 때문이다. 당나라 화가는 칠보 궁전이 가려지지 않도록 1층 높이의 나무기둥을 여럿 세우고 이 위에다 전각을 세웠다. 그래서 대지보다 낮은 연못 안에 있는 왕생자의 눈에는 건물의 지붕은 안 보이고

그림 75. 둔황석굴(제225굴)의 아미타경변상도: 극락의 장엄함과 웅장함을 표현하기 위해 전각 지붕의 용마루만 남기고 지붕면 대신 서까래만 보이도록 그렸다.

서까래만 보이게 된다. 둘째 이유는 시각적 효과이다. 커다란 건물은 정면에서 똑바로 바라볼 때보다 계단을 오르면서 아래에서 비스듬히 올려다볼 때, 그래서 처마 밑 서까래가 보일 때 심리적으로 더 압도당하게 된다. 둔황석굴의 관경변상도를 그린 화가는 극락정토의 장엄함과 웅장함을 표현하기 위해 일부러 전각의 서까래가 드러나 보이도록 그린 것 같다.

극락정토의 웅장함을 여실히 드러내기 위해 칠보 궁전의 지붕 꼭대기에 있는 용마루만 간신히 보이게 하고 지붕면이 있어야 할 자리를 서까래로 가득 채운 벽화도 있다. 〈그림 75〉에 보인 둔황 막고굴(제225굴)의 아미타경변상도에서 극락 전각의 서까래는 마치 겹친 꺾쇠(∨)처럼 보이는데, 이것은 구층석탑의 옥개석 밑면에 새긴 문양과 놀랄 만큼 똑같다.

〈그림 76〉은 앞에서 보았던 둔황석굴의 변상도와 고려 변상도에 표현된

158

그림 76. (1) 구층석탑 옥개석의 겹친 꺾쇠무늬는 극락 궁전의 서까래를 표현한 것이다. (2)-(4) 둔황석굴(제217굴, 제225굴, 제172굴)의 변상도에 표현된 극락 궁전의 서까래, (5) 고려 관경16관변상도에 표현된 극락 궁전의 서까래

서까래를 구층석탑 지붕돌의 겹친 꺾쇠무늬(∨)와 비교한 것이다. 한 곳에 모아놓고 보니, 구층석탑의 겹친 꺾쇠무늬는 더더욱 서까래를 빼닮았음을 알 수 있다. 그렇다면, 천불천탑 설계자는 도대체 왜 구층석탑의 지붕돌 밑면에 칠보 궁전의 서까래를 새겨 넣으려 했을까? 3만 평 대자연에 아미타 서방정토라는 대지미술 작품을 조성할 때, 설계자가 어떤 석탑의 몸돌이나 지붕돌에 특정 문양을 새겨 넣었다면 분명히 어떤 의도가 있었을 것이다. 구층석탑에서는 그게 무엇이었을까? 설계자가 밝히지 않은 숨은 의도를 파악하려 할 때 맞닥뜨리는 가장 큰 장애물은 천불천탑 공간의 원형 훼손이다.

구층석탑에 극락의 칠보 궁전을 상징하는 장식문양을 새긴 이유는?

운주사가 정유재란(1597-1598년) 무렵 폐사된 이래 조선말까지 400여 년간 방치되면서 천불천탑의 조형물(석탑, 석불, 석인상, 정토 장엄물)은 상당수 파손되거나 사라졌을 뿐만 아니라 심지어 조성 당시의 설치 위치에서 이동된 것으로 의심되는 조형물도 여러 개 있다. 다행히 천불천탑의 설계도인 고려 〈관경16관변상도〉가 현재까지 보전되었고, 천불천탑을 구성하는 네 개의 공간(불회, 상·중·하배관)에 설치된 중요 조형물도 상당수 살아남은 덕분에 각 공간의 조성원리 및 조형물의 용도나 상징성을 해석하는 것은 어느 정도 가능하다. 구층석탑의 몸돌에 새긴 ◆ 안에 ┼ 자형 꽃무늬는 서역의 석굴벽화에서 불화의 테두리를 예쁘게 꾸미기 위한 띠 장식문양으로 주로 사용되었지만 고려 변상도에서는 아미타불이 극락왕생자를 맞이하는 접견실(칠보궁전)의 바닥을 덮은 타일의 문양으로 사용되었고, 〈그림 77〉에 보인 것처럼, 구층석탑 지붕돌 밑면의 겹친 꺾쇠무늬는 칠보궁전의 웅장함을 표현하기 위한 서까래 문양임을 밝혀낼 수 있었다.

그림 77. 서까래 무늬가 새겨진 구층석탑의 지붕돌은 끝이 살짝 치켜올려져 극락 궁전의 팔작지붕을 연상케 한다. 천불천탑의 지붕돌과 몸돌이 한 세트가 되어 마치 극락의 칠보궁전을 연상시킨다.

변상도의 도상을 참고하여 구층석탑 문양의 상징성을 파악하는 데는 성공했지만, 여기서 한 발 더 나아가 천불천탑의 설계자가 세계 최초 대지미술 작품인 천불천탑(아미타 서방정토)을 운주골에 조성할 때, 구층석탑에는 왜 극락의 칠보 궁전과 관련된 장식문양을 새겨 넣었는지 설계자의 숨은 의도를 파악하는 일은 그리 간단치가 않다. 이것은 구층석탑을 포함하여 하배관 공간에 설치된 모든 조형물의 배치 구도를 살펴보고 '서방정토 극락왕생'이라는 주제에 맞춰 해석을 해야 하기 때문이다.

그러나 하배관의 본래 모습이 어떠했는지는 전혀 알 수 없기 때문에 현재 남아있는 조형물만 가지고 천불천탑 설계자의 의도를 파악해야 하는 어려움이 있다. 따라서 제한된 유물만 가지고 해석을 시도하다 보면 자칫 엉뚱하게 해석할 수도 있지만, 약간의 상상력을 발휘하여 천불천탑 설계자는 왜 하배관에서 가장 눈에 띄는 구층석탑에 칠보궁전의 타일 무늬와 서까래 무늬를 새겨 넣었는지 그 의도를 파악해보자.

천불천탑은 고려 〈관경16관변상도〉를 설계도 삼아서 운주골에 조성된 아미타 서방정토이다. 10만㎡에 달하는 드넓은 면적에 조성된 천불천탑은 설계도에 그려진 대로 네 개의 정토(불회, 상·중·하배관)로 구획되었다. 구층석탑이 설치된 공간은 하배관으로 불리는 아미타불의 서방정토로서, 사바세계에서 가장 수준이 낮은 하품수행자가 임종했을 때 왕생할 수 있는 극락정토이다. 그래서 하배관의 주존불은 아미타 부처님이 아니라 자비의 상징인 관세음보살이다. 《관무량수경》에 의하면, 하배관에 왕생한 하품수행자는 곧바로 관세음보살을 친견할 수 없다. 그는 연꽃봉오리 속에 갇혀 오랜 세월 참회를 해야만 비로소 꽃봉오리가 열리면서 관세음보살을 친견할 수 있다. 자비의 상징인 관세음보살로부터 모든 죄업을 소멸시키는 법문을 들은 하품왕생자는 불현듯 위 없는 진리를 깨닫게 된다.

그림 78. 만약 여러분이 구층석탑 앞에 서면 극락에 왕생한 것이다. 구층석탑은 관세음보살이고, 몸돌과 지붕돌 무늬는 극락 궁전을 상징하며, 석불군은 왕생자를 환영하는 화신불과 비구들을 나타낸 것이다.

천불천탑 설계자는 관무량수경의 이 대목을 어떻게 하배관에 표현했을 지 상상해 보자. 앞장에서도 언급한 바 있지만, 천불천탑 공간에 세워진 석탑들은 중요 보살을 상징하는 것 같다. 구층석탑은 하배관의 주존불인 관세음보살을 상징한다. 극락 연못의 연꽃봉오리 속에 갇혀 오랜 세월 참회와 반성을 한 하품왕생자에게 마침내 기회가 찾아왔다. 연꽃의 꽃봉오리가 열리면서 극락세계의 찬란한 빛이 쏟아져 들어온다. 감격에 겨워 합장하면서 광명을 향해 머리를 들어 올린 왕생자의 시야에는 눈부시도록 환한 빛을 내뿜는 관세음보살이 보이고 보살의 어깨너머로 장엄한 극락 궁전의 서까래가 방사상으로 뻗어있다. 왕생자는 기쁨에 겨워 '나무아미타불 관세음보살'을 큰소리로 외친다. 수많은 천인들은 천상의 음악을 연주하고, 운집한 화신불과 비구들이 하품왕생자를 따뜻하게 맞이한다. 천불천탑 설계자는 기쁨과 영광이 가득찬 《관경》의 클라이막스를 구층석탑과 석불군

(가)와 (나), 암벽 위 동냥치탑에 구현한 것은 아닐까? 구층석탑은 관세음보살이고 몸돌과 지붕돌에 새긴 무늬는 극락 궁전을 상징하며 동냥치탑은 기타 보살, 석불군 (가) 및 (나)는 하품왕생자를 환영하는 화신불과 비구들이다. 만약 여러분이 천불천탑을 방문하여 구층석탑 앞에 서서 석탑을 바라본다면, 여러분은 극락에 왕생한 것이다.

천불천탑 기하문양의 원형은
로마문양이다

우리나라 문화재 가운데는 서역 너머 고대 그리스·로마 문명에서 바로 건너왔거나 그 영향을 받아 제작된 것으로 짐작되는 유물이 여러 점 있다. 가장 대표적인 유물은 경주 황남대총에서 출토된 유리병과 유리 잔일 것이다. 이 유물은 4세기 후반에서 5세기 초 동로마 제국의 영토였던 동지중해 연안 팔레스타인 지역에서 제작되어 초원의 길을 타고 5-6세기에 신라로 수입된 것으로 짐작되고 있다. 또 다른 예는 칠보무늬로 불리는 장식문양이다. 이 문양은 고려와 명·청 시기 중국의 청자에 흔히 사용된 문양이지만 아직까지 미술사학계에서 칠보문의 기원에 대해 제대로 연구된 바가 없다. 필자의 고대 문양 연구에 의하면, 칠보문은 그리스·로마의 열십자형 꽃무늬가 북인도 쿠샨제국에 전달되어 불상 등에 장식문양으로 사용되다가 이 지역에서 발생한 대승불교가 파미르 고원 너머 동아시아로 전파될 때 서역과 중국을 거쳐 고려에 전달된 것으로 보인다. 칠보무늬는 처음에 불교미술에서 사용되는 장엄문양의 하나로 전파되었지만, 이후 고려청자와 같은 생활 자기에도 널리 사용되었다. 중국의 경우에는 3-4세기 키질석굴의 불교 벽화, 5세기 남북조시대 북위의 금동불상 좌대에 처음 칠보문이 등장하였고 8-9세기 당제국의 금제술잔과 도자기에 장식문양으로 사용되었다.

필자의 주장을 강력히 뒷받침하는 사례를 〈그림 79〉에 보였다. 맨 왼쪽 사진은 로마 제국의 북아프리카 식민도시로 번영을 누렸던 쿠이쿨(Cuicul)

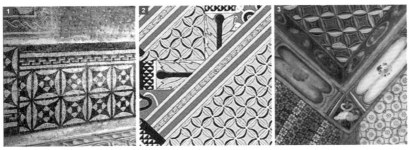

그림 79. 로마의 십자형 꽃무늬는 동아시아에 전파되어 불교미술의 장식문양으로 사용되었다. (1) 북아프리카 제밀라의 모자이크 벽화 (2) 키질석굴의 천장 벽화, (3) 티베트 동가석굴의 천장 벽화 (10세기)

의 어느 건물 벽을 장식한 모자이크이다.[9] 로마인이 가장 좋아했던 문양 가운데 하나인 열십자형 꽃무늬로 모자이크 띠 장식을 하였는데, 이것은 우리나라와 중국에서 칠보무늬라 부르는 길상문과 기하학적으로 완벽히 똑같은 문양이다. 이와 똑같은 문양을 서역의 키질석굴(제167굴)의 모줄임 천장 벽화와 티베트의 동가석굴(제1굴)의 천장 벽화에서 발견할 수 있다. 티베트 지역은 8세기 후반에 북인도와 중앙아시아 지역이 아랍 세력에 의해 점령당하여 불교의 동아시아 전달통로였던 실크로드가 막히게 되자 대승불교가 2차로 전파된 곳이다. 이것이 암시하는 바는 로마 문양이 일찍이 북인도와 중앙아시아 지역에 전달되어 장식문양으로 즐겨 사용되다가 대승불교의 동점과 함께 동아시아의 여러 지역으로 전파되었다는 것이다.

---

9) 쿠이쿨(Cuicul): 북아프리카 알제리의 지중해 연안에 있는 고대 로마의 도시 유적이다. CE 1세기 네르바 황제 집권기에 도시가 세워져 번영을 누리다가 서로마 제국의 멸망 후 6세기에 버려졌다 . 아랍 세력이 이곳을 점령하고 제밀라(Djemila)로 이름을 바꿨는데, 이는 아랍어로 '아름다운(beautiful)'이란 뜻이다. 해발고도 1,000m 내외의 나지막한 산으로 둘러싸인 장소에 시장, 사원, 바실리카 개선문을 비롯한 로마의 도시유적이 남아 있어 1982년 세계유산으로 등재되었다.

그림 80. 로마의 열십자형 꽃무늬는 대승불교의 동아시아 전파경로인 서역과 중국을 거쳐 고려까지 전달되었다. (1) 키질석굴 벽화 (3-4세기), (2) 펜지켄트 벽화 (6-8세기), (3) 둔황석굴 벽화 (8세기), (4) 고려 아미타경 사경변상도 (14세기)

〈그림 80〉은 로마의 열십자형 꽃무늬가 일찌감치 북인도와 중앙아시아에 전달되어 벽화의 테두리 장식문양으로 사용되다가, 대승불교의 동아시아 전파 루트인 서역과 중국을 거쳐 고려까지 전달되어 사경변상도에 사용되는 문양의 전래과정을 똑똑히 보여준다. 로마의 열십자형 꽃무늬가 3세기 키질석굴의 벽화에 등장한 이래 14세기 초 고려의 사경변상도에 모습을 드러낼 때까지 약 1천 년의 시간이 흘렀다. 그 장구한 세월 동안 로마의 십자형 꽃무늬는 지역에 따라 약간씩 형태의 변화를 겪었지만 그 본래 모습만큼은 잃지 않은 듯하다.

〈그림 81〉은 로마의 X꼴 꽃무늬가 북인도·중앙아시아-서역-중국-한반도를 잇는 실크로드의 여러 지역에 전파되어 사용된 실례를 보여준다. 〈그림 81〉-(1) 및 (2)는 2-3세기 로마의 모자이크이며, 〈그림 81〉-(3)은 에스파냐의 로마문명을 계승한 서고트 왕국의 십자형 꽃무늬 부조(7세기)이다. 그 아래 〈그림 81〉-(4)는 당제국 시기(6-8세기)에 실크로드의 중계무역으로 번영을 누렸던 소그디아나의 고대 도시, 펜지켄트에서 출토된 벽화이

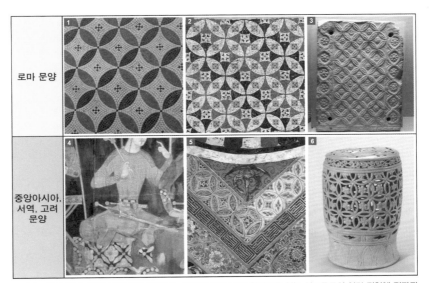

그림 81. 로마의 열십자형 혹은 X꼴 꽃무늬는 북인도·서역·중국·한반도를 잇는 실크로드의 여러 지역에 전파되어 장식문양으로 사용되었다. (1)–(3) 로마 문양(2-3, 7세기), (4) 소그드인의 도시 펜지켄트의 벽화 (6-8세기), (5) 안서 유림굴의 천장 벽화(11-13세기), (6) 청자투각 환화문돈 (고려, 13세기)

다.[10] 이것은 어느 부유한 소그드 상인이 소유한 대저택의 사방 벽면을 장식한 벽화의 일부로 만찬 장면을 나타낸 것이다. 귀족 혹은 거상들이 깔고 앉은 자리의 꽃문양은 바로 위에 있는 그림 (1)의 로마 문양과 매우 비슷하다. 그림 (5)는 둔황에서 170km 떨어진 곳에 위치한 안서 유림굴(제3굴) 천장 벽화의 테두리 장식문양이다. 이 문양은 마치 엽전처럼 동그라미 한가운데에 네모난 구멍이 뚫린 것처럼 보여서 우리나라와 중국에서는 동전무늬로 불리지만 사실은 칠보문과 똑같은 문양이다. 동전무늬와 칠보무늬가 기

---

10) 펜지켄트(Penjikent 또는 Panjakent)는 우즈베키스탄과 국경을 접하는 타지키스탄 수그드 지방의 제리브샨 강에 있는 인구 5만 명의 도시로, CE 6-8세기에 번영을 누린 소그디아나의 고대 도시유적이 외곽에 있다.

하학적으로 완벽히 똑같은 문양임에도 마치 다른 문양인 양 서로 다른 이름으로 부른다는 것은 중국이나 우리나라의 미술사학계가 고대 전통문양에 대한 지식이 매우 얕다는 것을 보여준다. 안서 유림굴(제3굴) 천장의 사각 테두리를 빙 둘러 장식한 칠보문은 바로 위에 보인 〈그림 81〉-(2)의 로마 문양과 완전 판박이다. 오른쪽 아래 〈그림 81〉-(6)은 13세기에 제작된 고려의 청자투각 환화문(丸花文) 돈(墩)이다. 돈이란 등받이 없는 의자를 말하며 서양에서는 스툴(stool)이라 부른다. 환화문이란 둥근 고리와 꽃문양이란 뜻인데, 이 유물의 이름을 지어준 학자의 눈에는 동그라미가 둥근 고리로 보였는지 모르겠지만 사실은 완벽한 칠보무늬이다. 어찌 됐든 고려청자 돈의 몸통을 장식한 칠보무늬와 꽃문양은 〈그림 81〉-(3)에 보인 서고트

그림 82. 천불천탑 기하문양(◇, X)의 시원 문양을 찾아 한반도-중국-서역-북인도까지 붓다로드를 거슬러 올라가면 마지막에는 로마문양에 이르게 된다.

왕국의 로마 문양과 한 치의 오차도 없이 똑같다. 정말 한여름에 소름이 돋을 정도로 놀라운 일이 아닐 수 없다.

천불천탑의 대표적인 기하문양인 마름모(◇)와 교차선(X) 문양은 고려의 불화(변상도)와 불구(경패)에서 널리 사용된 띠 장식 문양이었으며, 불교의 전파 루트였던 서역과 북인도에서는 이미 오래전부터 불화의 테두리 장식 문양 및 부처의 금강대좌 장엄용 문양으로 사용되었음을 앞의 글에서 밝혔다. 그런데 이 두 문양의 시원 문양은 〈그림 82〉에 보인 것처럼 로마의 열 십자형 꽃무늬로 판단된다.

로마의 X꼴 꽃무늬의 작도 법은 간단하다. 〈그림 83〉에 보인 것처럼, 동 서남북으로 배치된 원 4개를 서로 약간씩 겹치도록 접촉시키면 된다. 이 X 꼴 꽃문양이 기원 전후 시기에 북인도·중앙아시아에 전달되어 띠 장식문양

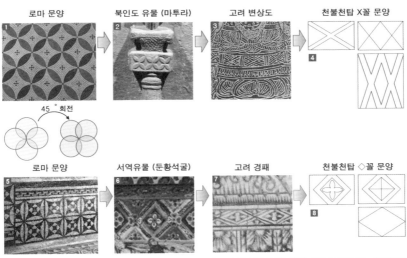

그림 83. 천불천탑 기하문양(X, ◇)의 원형은 로마문양이다. 고대에 북인도에 전달된 로마의 X꼴 또는 열십자형 꽃무늬는 대승불교가 실크로드를 따라서 동아시아에 전달될 때 불교미술의 장식문양으로 사용되었다.

으로 사용되었으며, 대승불교의 동아시아 전파 루트인 실크로드를 따라서 고려까지 전달되어 고려 불화와 천불천탑의 탑신을 장식했던 것이다. 로마의 X꼴 꽃문양을 45도 회전시키면 열십자(十)형 꽃문양이 된다. 이 문양 역시 북인도-서역-중국-한반도를 잇는 붓다 루트를 따라서 동아시아 각 지역에 전파되었다. 서역의 석굴 벽화에서는 테두리를 장식하는 띠 문양으로 사용되었고, 고려에서는 불화, 불구 및 천불천탑의 탑신을 꾸미는 장식문양으로 사용되었다. 오랜 세월에 걸친 전통문양의 전래 과정에서 볼 수 있듯이, 한반도는 적어도 고려시대까지는 실크로드로 불리는 유라시아 문명 네트워크의 끝자락에 연결되어 있었다.

여기서 또다시 짚고 넘어가야 할 것은 우리나라에서 유일하게 천불천탑의 탑신에만 기하문양이 존재하는 이유이다. 이 기하문양은 대승불교의 동아시아 전파와 함께 불교미술의 장식문양으로 널리 사용되어 왔다. 천불천탑의 탑신에만 불교미술의 장식문양이 존재하는 이유는 천불천탑이 사찰이 아니라 그림(불화)이기 때문이다. 천불천탑은 고려 〈관경16관변상도〉를 설계도 삼아서 운주골 대자연에 조성한 3차원 〈관경16관변상도〉이기 때문에 고려 석공은 불교미술의 전통문양으로 석탑의 탑신을 예쁘게 꾸몄던 것이다.

아미타경변상도 (부분, 고려 1341년, 영국박물관 소장) ▶

제5장

고려 불교의 정토신앙이 빚어낸 천불천탑

천불천탑의 조성 시기, 조성 주체 및 조성 목적
천불천탑의 탁월성 및 인류 보편가치
천불천탑은 세계 최초 대지미술 작품이다

천불천탑의 조성 시기,
조성 주체 및 조성 목적

천불천탑 앞에는 거의 언제나 화순의 운주사가 따라붙어 아주 자연스럽게 '운주사 천불천탑'으로 불린다. 그래서 천불천탑 수수께끼는 운주사 수수께끼와 동의어로 사용되어 왔다. 지금까지 관련 학계에서조차 천불천탑을 운주사와 거의 동일시하여, 운주사는 스님들의 수도 공간이고 바로 이웃한 천불천탑은 야외 법당으로 보는 견해가 우세했다. 그런데 학계의 천불천탑 연구자들이 주장하는 것처럼 과연 운주사=천불천탑=사찰(야외 법당)일까? 이 책의 제2장부터 제4장까지 총 17편에 걸쳐 천불천탑에 관해 필자가 풀이한 내용을 단 세 줄로 압축해서 핵심만 표현하면 다음과 같다.

운주사=절
천불천탑=극락정토
운주사(절)≠천불천탑(극락정토)

정말 놀랍게도, 필자가 관찰하고 연구한 바에 의하면 천불천탑은 절이 아니라 극락정토이다. 천불천탑은 고려 후기에 지배계층에서 유행했던 〈관경16관변상도〉라는 극락정토화를 설계도 삼아 운주골 대자연에 조성한 세계 최초, 세계 유일의 3차원 〈관경16관변상도〉였다. 이 변상도의 주제는 '서방정토 극락왕생'이다.

필자가 주장하는 천불천탑의 3차원 관경16관변상도설 또는 아미타불의 서방정토설로 풀 수 있는 수수께끼는 네 개의 정토에 설치된 개별 조형물의 상징성이나 용도뿐만 아니라 역사 기록이 없어서 자칫하면 영원한 수수께끼로 남을 수도 있는 천불천탑 조성의 배경 사상, 조성 시기, 조성 주체, 조성 목적도 포함된다.

1980년대 중반부터 천불천탑 수수께끼를 풀기 위해 많은 학자들이 연구에 뛰어들었지만, 제1장의 〈표 1〉에서 볼 수 있듯이, 마치 명주실로 여러 개의 진주를 꿰어 진주목걸이를 만들듯이, 천불천탑의 열 가지 수수께끼를 하나로 꿸 수 있는 주장은 아직까지 없다. 그럼에도 불구하고 천불천탑을 유네스코 세계유산으로 등재시키려는 의욕이 넘쳐서인지 지금까지 제시되었던 여러 주장들 가운데 일부 조형물에 관해 그럭저럭 설명이 가능했던 몇몇 주장들을 양푼에 담아 비빔밥 비비듯이 버무려 만든 것이 (천불천탑은 불교, 밀교, 도교, 고대 천문학 등 다양한 문화적, 종교적 집단이 교류했던 장소라는) 일명 '운주사 다종교 복합단지설'이다.

하지만 본 글에서 여러 차례 밝혔듯이, 천불천탑은 불교, 밀교, 또는 도교 사찰이 아니며, 북두칠성 별자리 신앙이나 고대 천문학 하고도 전혀 관계가 없다. 천불천탑은 아미타불의 서방정토를 지상에 재현한 3차원 불화이다. 천불천탑의 조성원리는 불교의 타력 구원관이 담긴 《관무량수경》이며, 건축 설계도는 14세기 초(1300-1320년)에 제작된 것으로 짐작되는 서복사 소장 〈관경16관변상도〉이다. 그렇다면 우리는 곧바로 다음과 같은 보다 근원적인 질문에 맞닥뜨리게 된다. 천불천탑 건립을 주도한 세력은 누구이며, 그들은 언제, 무슨 목적으로 이 엄청난 불사를 추진했나? 그리고 아미타 서방정토의 건립 장소로 하고많은 절 가운데 운주사를 선택한 이유는 무엇인가? 필자가 주장하는 3차원 관경16관변상도설은 수많은 진주를 꿰

그림 84. 아미타 서방정토를 지상에 구현한 것이 천불천탑이다. 천불천탑은 불교, 밀교 또는 도교의 사찰이 아니며, 북두칠성 신앙이나 고대 천문학하고도 전혀 관계가 없다.(국립중앙박물관 소장, 1919년 촬영)

어 진주목걸이를 만드는 명주실처럼 천불천탑에 관한 근원적 질문에 대해서도 꽤나 설득력있는 답을 제시할 수 있다.

천불천탑의 조성 시기

　고려인이 아미타불의 극락세계를 지상에 구현하는 데 사용한 설계도는 14세기에 크게 유행한 〈관경16관변상도〉이었다. 따라서 천불천탑의 조성시기를 밝히기 위한 실마리도 여기서 찾아야 한다. 건축물의 건립시기가 설계도면 완성시기보다 앞설 수는 없는 노릇이다. 따라서 천불천탑의 조성시기는 아무리 빨라야 서복사 소장 〈관경16관변상도〉의 제작시기로 짐작되는 14세기 초이거나, 서복사본의 제작시기는 추정만 가능할 뿐 정확히 알 수 없다는 점을 감안하여 조금 넓게 잡는다면 13세기 말-14세기 초일 것으로 추정된다. 필자의 14세기 초 건립설은 천불천탑 구역에 있는 광배석불좌상 앞 지하층에서 출토된 청자상감국화문합편(靑瓷象嵌菊花汶盒片)의 제작 시기가 14세기인 것으로도 뒷받침된다. (남쪽의 운주사 폐사지가 아닌 천불천탑 공간 안에서 출토된 가장 이른 시기의 도자기편이다.)

그렇다면, 고려 후기인 14세기 초에 누가, 도대체 무슨 목적으로 〈관경16관변상도〉에 묘사된 아미타 서방정토를 운주사 인근 계곡에 조성하려 했을까? 하지만 안타깝게도 천불천탑 건립과 관련된 역사기록이 어디에도 없기 때문에 이것은 CE 1300년을 전후한 시기에 고려가 겪은 정치·사회·종교(불교) 상황을 살펴보고 논리적으로 추론할 수밖에 없다.

13-14세기 고려의 정치·사회·종교 상황

천불천탑이 조성된 14세기 초에서 앞·뒤로 50년을 빼고 더한 1250년부터 1350년까지 100년은 세계사에서 엄청난 격동기였다. 바로 초원의 몽골족이 중국 대륙을 장악하고 1271년 원 제국을 세움으로써 주변국들은 당시 세계 최강 몽골제국의 영향을 받지 않을 수가 없었다.

정치·사회 상황: 이 무렵 고려는 엄청난 정치사회적 혼란을 겪었다. 고려 중기를 100년간 지배했던 무신정권이 28년에 걸친 여몽전쟁(1231-1259년) 끝에 1270년 몰락하고 고려 왕실은 강화도를 떠나 개경으로 환도하면서 이후 약 80년간에 걸친 원나라의 지배를 받았다. 당시 개경 환도를 주도했던 고려왕 원종은 왕실 유지와 왕권 확보를 위해 1274년 고려 태자(후에 충렬왕이 됨)와 원 황실의 공주 사이에 혼인 동맹을 맺음으로써 고려는 충렬왕으로 시작하여 충정왕으로 끝나는 여섯 명의 충(忠) 자 돌림 왕들이 등장하게 되었다. 그런데 전쟁은 개경 환도로 끝난 게 아니었다. 고려왕실의 개경 환도를 반대한 삼별초의 3년 항쟁(1271-1273년), 고려-몽골 연합군의 두 차례에 걸친 일본 원정(1274년, 1281년), 그리고 원 황제(쿠빌라이)의 사망으로 중단된 제3차 일본 원정 준비(1285년)까지 포함하면 고려는 50년 넘게 전쟁에 시달렸다. 당시 고려의 피해는 삼별초의 항쟁 기간 중에는 격렬한 전쟁터였고, 원나라의 일본 원정 때는 군인 및 격군 차출, 함선 건조, 무기 조달, 군량미 마련에 시달린 전라도와 경상도의 남해안 일대가 특히 심했을 것으로 짐작된다.

종교 상황: 고려 중기에 이르러 개경의 불교는 정치세력과 결탁하여 귀족화 되면서 부패하기 시작했다. 개경 불교의 병폐를 깨닫고 불교와 수행자 본연의 자세를 회복하려는 신앙운동이 움텄는데, 그것은 1232년 요세 스님이 강진 백련사에서 펼친 백련결사(白蓮結社)였다. 백련결사에 참여한 출가자와 재가대중은 천태종의 소의경전인 《법화경》을 읽고, 법화경에 의지하여 지은 죄를 참회하고(법화삼매참), '나무아미타불'을 부르며 정토왕생을 기원했다고 한다. 여기서 주목해야 할 것은 《법화경》에도 아미타불의 정토왕생 신앙이 담겨 있다는 것이다.[11]

"만일 여래께서 멸도하신 후 500년에 이르러 어떤 여인이 이 경전을 듣고 그 설한 바와 같이 수행하면, 목숨을 다 마친 뒤에 안락세계의 아미타불이 큰 보살과 성문대중(비구)들에 의해 둘러싸인 곳에 가서 연꽃 가운

---

11) 법화경(法華經): 묘법연화경(妙法蓮華經)의 준말로 '올바른 법을 가르치는 흰 연꽃과 같은 경전'이란 뜻이다. 석가모니의 40년 설법을 집약한 경전으로, 천태종(天台宗)의 근본 경전이다. 부처가 되는 길은 누구에게나 열려 있다는 내용이 경전의 핵심으로, 다른 경에서는 성불할 수 없다고 말한 악인이나 여인까지도 성불이 가능하다고 말하고 있다.

데 보배 자리에 태어나리라." - 묘법연화경 제23품: 약왕보살본사품(藥王
普薩本事品)

1284년에 충렬왕과 왕후(제국대장공주)는 개성에 묘련사(妙蓮寺)라는 왕
실 원찰을 세웠는데, 강진 백련사와 똑같은 천태종 사찰이었다. 충렬왕은
백련사의 경의 스님과 정오 스님을 묘련사의 제1세와 제3세 주지로 모시고
묘련결사(妙蓮結社)를 실시하였다. 참회와 염불수행에 중점을 둔 백련결사
와 달리 묘련결사에서는 《법화경》과 이에 대한 천태대사의 주석서를 연구
하고 강의하는 것에 중점을 두었고, 《관경소》에 대한 교리연구도 하였다.[12]
백련사계 고승이 개성 왕실사찰의 주지가 되어 신행운동을 이끌게 됨으로
써 천태종은 바야흐로 전성기를 맞이하였다. 14세기 전반기에 고려에서 극
락왕생 기원을 담은 불화가 유독 많이 그려진 배경에는 고려 후기에 전성
기를 맞이한 천태종의 정토왕생 신앙이 있었다.

천불천탑 조성의 사상적 배경 및 주도 세력

이상과 같이, 13세기 후반-14세기 전반에 걸쳐 고려의 정치·사회·종교 상
황을 대략 훑어보았다. 아래에 이 내용의 핵심만 추려서 천불천탑을 조성
하게 된 사상적 배경을 짚어보고, 이 엄청난 불사를 주도한 세력이 누구인
지 추론해 보았다.

---

12) 관경소(觀經疏): 중국 정토종의 선도 스님(613-681년)이 저술한 저서로 정토왕생 신
앙을 담고 있는 《관무량수경》의 해석서이다. 《관무량수경》의 16관을 정선(定善) 13
관, 산선(散善) 3관으로 나누고 전체를 범부를 위해 설한 것으로 간주했으며, 대승
을 비방하거나 오악의 죄를 지은 악인이라도 정토왕생이 가능했다고 했다.

1. 천불천탑은 불교의 타력 구원관(죄→참회와 염불→극락왕생)이 담긴 〈관경16관변상도〉를 지상에 재현한 것이다.

2. 〈관경16관변상도〉의 화면 구성 가운데 가장 중요한 곳은 참회, 염불, 극락왕생 기원이 담긴 제14관(상배관), 제15관(중배관), 제16관(하배관)이다.

3. 13세기 강진 백련사에서 요세 스님이 신앙운동인 백련결사를 결행하였는데, 결사의 주된 내용은 참회, 염불, 극락왕생 기원이다.

4. 13세기 말(1285년) 개경에 왕실 원찰인 묘련사가 세워지고, 백련사계 고승이 주지로 임명되어 묘련결사를 이끌게 됨으로써 천태종은 전성기를 맞이하였다. 묘련결사에서는 정토왕생 신앙이 담긴 경전이나 주석서를 연구하고 강의하였다.

5. 14세기 초에 〈관경16관변상도〉, 〈아미타경변상도〉, 〈아미타독존내영도〉와 같이 정토왕생 기원이 담긴 불화가 집중적으로 그려졌다. 현재 고려 불화는 160여 점이 알려져 있는데 그 가운데 아미타여래, 즉 정토왕생과 관련된 그림이 무려 60여 점(대략 1/3)을 차지한다. 이는 묘련사 창건, 백련사계 스님의 중앙 진출과 묘련결사 결행, 천태종의 정토왕생 신앙의 영향으로 보인다.

위와 같이 13세기 말-14세기 초의 고려의 정치·종교 상황을 미루어 볼 때, 참회, 염불, 정토왕생 기원이 담긴 천불천탑 조성을 주도한 세력은 강진의 백련사 스님으로 짐작되며, 조성의 사상적 배경은 정토왕생 신앙이 담긴 《법화경》으로 판단된다. 하지만 법화경에는 극락세계의 풍경과 극락왕생의 방편이 구체적으로 묘사되지 않았기 때문에 운주골에 극락정토를 건립하기 위한 도상의 근거는 《관무량수경》과 이 내용을 그림으로 나타낸 〈관경16관변상도〉로 판단된다.

그렇다면, 백련사 스님은 도대체 무슨 이유로 엄청난 공력이 드는 천불천탑을 세우기로 마음을 먹었을까? 그리고 왜 하필 천불천탑의 건립 부지로 운주사를 선택했을까?

천불천탑의 조성 목적

13세기 중후반, 50여 년간 끊임없는 전쟁으로 인해 피해가 극심했던 전라도와 경상도의 남해안 일대는 인구가 줄고, 민심은 흉흉해졌으며 백성들은 극심한 생활고에 시달렸다. 백련사 스님들이 범부대중에게 새로운 신앙운동인 백련결사를 펼치는데 가장 큰 장애는 바로 《법화경》에 나오는 극락세계가 어떻게 생겼는지 신도들에게 설명하기가 어려웠다는 데 있었을 것이다. 수많은 신도들은 돌아가며 백련사 스님에게 이렇게 물었을지도 모른다.

"스님, 저는 제가 지은 죄를 날마다 참회하고, 하루에도 수백 번씩 나무아미타불(저는 아미타불에 귀의합니다)을 외치며 극락왕생을 꿈꾸고 있습니다. 그런데 스님, 극락은 어떻게 생겼습니까?"

개성의 왕실이나 권문세가, 지방의 유력자는 비싼 돈을 들여 당시 고려에서 그림을 잘 그리는 화공을 불러다 〈관경16관변상도〉를 그리게 하고, 그림의 맨 아래에는 '임종을 맞는다면, 아미타불을 만나 뵈어 즉시 극락왕생을 원한다.'는 발원문을 적어놓기도 했다. 그들은 극락정토 그림을 벽에 걸어두고 날마다 불경을 염송했을 것이다. 하지만 50여 년간 전쟁에 시달린 남도 지방의 범부대중은 〈관경16관변상도〉를 주문할 경제적 여력이 없었다. 그들은 백련결사에 참여하여 지은 죄를 참회하고, 열심히 나무아미타불을 외치고, 극락왕생을 빌었지만 아미타불의 극락정토가 어떻게 생겼는지 도무지 알 길이 없어 기도에는 힘이 실리지 않았다. 그래서 스님에게 물어보지만, 사실 백련사 스님들도 극락이 어떻게 생겼는지 궁금하긴 매한가지였다.

그래서 스님들은 오랜 궁리 끝에 운주사 인근 계곡에다 아예 아미타 극락정토를 조성한 다음, 백련결사에 참여한 신도들을 이끌고 천불천탑 나들이를 하여 극락세계를 보여주자고 마음먹지 않았을까? 불교의 정토신앙을 담은 3차원 〈관경16관변상도〉를 운주골에 조성한 목적은 13세기에 고려사회에서 가장 고통받던 전라도와 경상도의 백성들에게 극락정토를 직접 보여주고 체험케 함으로써 그들의 고통을 위로하고 정토왕생에 대한 믿음을 굳건히 하려는 것은 아니었을까?

왜 하필 운주사인가?

백련사 스님들은 천불천탑을 세워 범부대중에게 《법화경》에 언급된 아미타불의 극락정토를 직접 보여주기로 작정했던 것 같다. 그것은 백련결사 운동을 더욱 확산시키고 범부대중이 정토왕생에 대한 믿음을 굳건히 하는 데 크게 이바지할 것으로 생각했기 때문일 것이다. 그런데 백련사 스님들은 왜 하필 천불천탑의 건립 장소로 운주사를 선택했을까? 그 이유를 다음과 같은 사실로부터 유추해 볼 수 있다.

1. 강진 백련사, 화순 운주사, 개성 묘련사는 천태종 사찰이었다.
2. 화순 운주사는 강진 백련사로부터 34km 거리에 있고, 두 절의 스님은 서로 왕래가 있었다.
3. 〈관경16관변상도〉에 묘사된 아미타불의 서방정토를 건설하려면 엄청난 양의 석재가 필요했고, 네 개의 정토로 구성된 16관변상도에 맞춰

그림 85. 화순 운주사는 강진 백련사로부터 34km 거리에 있다. 천불천탑은 백련사 스님이 주도하여 14세기 초에 세운 왕립극락정토 체험장이었다. (조선고적도보, 6, 1917년 ⓒ국립문화재연구원)

석탑, 석불, 석인상 및 정토 장엄물을 적절히 배치하려면 지형도 중요했다.

화산재가 켜켜이 쌓여 굳은 응회암으로 이루어진 운주골은 극락정토 조성에 요구되는 이 두가지 필요조건을 만족시킨다는 것을 백련사 스님들은 잘 알고 있었다. 그래서 하고많은 고려 사찰 가운데 천불천탑(아미타불의 극락정토)을 세울 장소로 백련사에서 직선거리로 34km 떨어진 운주사를 선택한 것으로 보인다.

천불천탑 건설비용은 어떻게 충당했나?

그러면, 백련사 스님들은 천불천탑 건립에 드는 엄청난 비용을 어떻게 충당했을까? 이것 역시 당시 정치·사회·종교 상황으로부터 유추해 볼 수밖에 없다.

1. 13세기 말-14세기 전반기는 천태종 전성시대였고, 당시 천태종의 본사나 다름없었던 강진 백련사는 백련결사를 통해 참회, 염불, 정토왕생을 강조했다.
2. 수도 개경의 왕실 원찰인 묘련사에는 백련사계 스님이 주지를 맡고 있었고, 묘련결사를 통해 정토왕생 믿음을 강조했다.
3. 남북방향 길이가 500m이고, 폭이 200m에 달하는 운주골 10만㎡ 면적에 천불천탑으로 상징되는 아미타 서방정토를 건설하는 일은 후대 신라의 경덕왕-혜공왕 시기에 이루어진 불국사 중창에 버금가는 대공사였다.
4. 당시 경상도와 전라도 일대는 13세기 중·후반기에 50여 년에 걸친 전쟁으로 인해 막대한 경제적 피해를 입었기 때문에, 감지은지 고급 종이에 변상도를 그리는 수준이 아닌 천불천탑과 같은 대규모 건설공사를 지원할 만큼 경제력을 갖춘 지방의 호족세력은 없었다고 보는 것이 합리적이다.
5. 13세기 말-14세기 초에 천불천탑과 같은 대규모 건설공사를 재정적으로 지원할 수 있는 세력은 왕실이나 중앙의 신흥 권문세가밖에는 없었을 것이다. 수도 개성의 왕실원찰인 묘련사는 천태종 사찰이었고 때마침 백련사계 스님이 주지를 맡고 있어, 중앙의 정치세력과 교류할 수 있는 길이 열려 있었다.

역사 기록이 남아있질 않아 구체적으로 누가 주도했는지는 알 길이 없으나, 아마도 천태종 본사 격인 강진 백련사 고승이 남도 지방의 범부대중에게 극락정토를 직접 보여줘야 할 필요성을 호소하였고, 이에 중앙의 정치세력이 호응을 하여 재정지원을 했을 것으로 보인다. 즉 천불천탑은 14세기 초에 고려불교의 정토신앙이 빚어낸 왕립극락정토 체험장이었던 것이다.

아미타 서방 극락정토 건설에는 〈관경16관변상도〉의 도상에 밝은 승려가 총감독을 맡고, 석탑을 세우고 불상을 조각하는 일은 운주사가 있는 전라도와 경상도 지방의 석공을 총동원하여 짧은 기간에 조성했을 것이다. 1656년에 간행된 《동국여지지(東國輿地誌)》에는 '전하기를 신라 시대에 만들어진 것이라 하며 혹은 고려 승 혜명(惠明)이 무리 수 천으로 하여금 조성한 것이라고 한다.'고 적혀 있다. 혜명은 극락정토 건설의 현장감독이었을 것으로 짐작된다.

천불천탑의 탁월성 및
인류 보편가치

운주사 천불천탑의 참모습은 무엇일까? 16세기 말 정유재란 무렵 운주사가 폐사된 이래로 천불천탑은 400여 년간 짙은 안개에 파묻혀 결코 자신의 모습을 드러내지 않았다. 1980년대 중반 이후 천불천탑이 새롭게 조명되면서 많은 학자들이 천불천탑의 수수께끼를 풀고자 노력했지만, 짙은 안개에 가려진 천불천탑의 참모습을 그려내는 데는 그다지 성공적이지 못했다.

천불천탑은 '화순 운주사 석불석탑 군'이란 명칭으로 2017년 유네스코 세계유산의 잠정목록에 등재되었다. 관련 학자들의 연구와 주장을 반영하여 문화재청이 유네스코 세계유산센터에 제출한 등재신청서의 OUV(Outstanding Universal Value: 유물이나 유적의 탁월성 및 인류 보편가치)에 따르면, 운주사는 불교, 밀교, 도교, 고대 천문학 등 다양한 문화적, 종교적 집단이 교류했던 장소, 즉 다종교 복합단지라는 것이다. 그러나 필자의 연구에 의하면, 운주사와 천불천탑은 전혀 다른 시기에 완전히 다른 목적으로 세워진 것으로, 전자는 사찰이었지만 후자는 아미타불의 서방정토였다.

이 책의 제2장부터 제4장까지 전체 17편의 글에서 밝혔듯이, 천불천탑은 고려 후기(14세기 초)에 조성된 세계 최대 크기의 관경16관변상도이다. 그림의 크기가 자그마치 남북 길이×동서 폭=500m×200m에 달하여 그림의

그림 86. 천불천탑은 고려 후기(14세기 초)에 건설된 세계 최대, 세계 유일 3차원 관경16관변상도이자 서방극락
정토였다. 천불천탑 공간의 모든 조형물은 서복사장 관경16관변상도의 구성과 도상으로 명쾌하게 해석된다.

전체 면적은 무려 10만㎡(3만 평)이나 된다. 이 정도 면적이면 불교미술관으
로 불리는 둔황석굴의 정토3부경 변상도 154점을 마치 보자기로 물건을
감싸듯이 넉넉히 담아낼 수 있다. 그런데 아무리 멋진 건축물이라 하더라
도 사람을 공간의 중심에 두지 않으면 한낱 빌딩에 불과하듯이, 아미타정
토를 운주골 대자연에 재현한 천불천탑은 그 자체만으로는 미완성 극락에

불과하다. 천불천탑 공간에 불교신자의 신앙심이 더해졌을 때 천불천탑의 주제인 극락왕생이 성취되면서 아미타정토를 묘사한 관경16관변상도가 비로소 완성된다. 작품과 인간이 물아일체를 이루었을 때 비로소 작품이 완성된다는 면에서 천불천탑은 세계 최초 대지미술 작품이라 말할 수 있다.

CE 1세기에 인도의 대승불교와 포교승이 실크로드를 따라서 서역을 거쳐 중국으로 들어오기 시작했다. CE 3세기 무렵 쿠차의 키질 천불동에 석굴이 처음 개굴 된 이래 불교는 동북아시아 삼국의 국교가 되었고 각 나라마다 불교예술이 찬란하게 꽃을 피웠다. 후대 신라는 불국정토를 지상에 구현하기 위해 경주 불국사를 창건했다면, 고려는 범부대중이 아미타불의 서방정토를 직접 눈으로 보고 체험할 수 있도록 백련결사 본거지(백련사)에서 가까운 운주골에 천불천탑이라 부르는 극락정토를 건립하였다. 천불천탑은 14세기 초에 고려 불교의 정토신앙이 절정에 달했을 때 개경으로부터 재정지원을 받아 건설된 왕립극락정토 체험장이었다. 이와 같이 천불천탑의 성격을 정확히 규정하고, 종교와 예술 측면에서 천불천탑의 탁월성과 인류가 보전해야 할 문화유산으로서 가치(OUV)를 다시 평가해보았다.

종교와 예술 측면에서 천불천탑의 탁월성은 다음과 같다.

첫째, 14세기 초에 건설된 세계 최대, 세계 유일 3차원 16관변상도이다.

둘째, 천불천탑 공간에 불교신자의 신앙심이 더해졌을 때 천불천탑의 주제인 극락왕생이 성취되고 3차원 극락 그림이 비로소 완성되기에 천불천탑은 세계 최초 대지미술 작품이다.

셋째, 천불천탑은 남북방향으로 길게 뻗은 운주골 지형에 잘 어울리도록 조성되었다. 자연환경을 적절히 그림에 끌어들임으로써 운주골 자연이 3차원 극락정토화의 배경이 되었다. 가장 대표적인 것이 서쪽 능선에 자리한 불회 영역에 일렬로 늘어선 몇 그루의 소나무이다. 소나무 열 앞에 서서 붉은 저녁노을을 바라보면 16관변상도의 일상관을 충분히 맛볼 수 있다.

인류 문화유산으로서 천불천탑의 보편가치는 다음과 같다.

첫째, 천불천탑은 조성 당시(고려 후기)에 1천 년 동아시아 불교 역사에서 대중이 널리 받아들였던 정토 신앙과 정토 미술의 완결판이다.

둘째, 천불천탑의 모든 조형물은 북인도–서역–중국–한반도로 이어지는 불교미술의 맥을 고스란히 이으면서 독특한 개성을 발휘한 고려 불교의 예술혼으로 빚어진 것이다.

셋째, 석탑의 탑신 및 옥개석 밑면을 장식한 여러 가지 기하문양은 북인도–서역–중국–한반도(고려)에서 널리 사용된 불교미술의 전통문양이다. 3차원 관경16관변상도인 천불천탑은 오랜 불교미술의 전통을 고스란히 이어받아 탑신과 옥개석을 불교의 장엄문양으로 예쁘게 꾸몄던 것이다. 이 기하문양은 고려가 실크로드라 불리는 유라시아 문명네트워크에 연결되어 있었다는 것을 말없이 증언하고 있다.

천불천탑은 세계 최초
대지미술 작품이다

운주골 계곡에 자리 잡은 천불천탑 공간에는 현재 석탑 18기와 석불과 비구상 57구가 계곡과 주변 산허리 여기저기에 흩어진 듯 모여 있다. 그래서 이곳을 방문한 사람들은 천불천탑을 일컬어 '야외 조각 전시장' 같다고 말하곤 한다. 또 천불천탑의 열 가지 수수께끼 가운데 어느 것 하나 시원하게 풀린 것이 없기 때문에 운주사 천불천탑을 소개하는 책자나 블로그 글에는 '영원한 수수께끼' 혹은 '미완의 불사'라는 말이 빠지지 않는다.

하지만, 천불천탑은 고려 석공의 조각솜씨를 보여주는 야외 조각 전시장도 아니었고, 결코 미완의 불사도 아니었다. 필자의 연구에 의하면, 천불천탑은 극락왕생 정토신앙이 담긴 〈관경16관변상도〉를 설계도 삼아서 대자연에 조성한 세계 유일 3차원 관경16관변상도였다. 따라서 천불천탑 공간 안에 설치된 모든 조형물의 상징성은 14세기 초에 제작된 고려 〈관경16관변상도〉의 도상으로 어떤 군더더기도 남기지 않고 명쾌하게 해석할 수 있다. 조선 중기에 일어난 동아시아 7년전쟁 이후 4백여 년간 짙은 안개 속에 모습을 감추었던 천불천탑이 마침내 참모습을 드러내었다.

고려 〈관경16관변상도〉의 구성과 도상으로 해석한 천불천탑은 14세기 초에 중앙 정치세력과 일반 대중에게 큰 지지와 호응을 받았던 천태종의 정토왕생 신앙이 만들어낸 정토예술의 끝판 왕이었다. 백련결사로 불리는 정토왕생 신앙운동을 펼쳤던 천태종의 백련사 스님들이 운주골 대자연에 심혈을 기울여 조성했던 천불천탑은 다름 아닌 아미타불의 극락정토(Amitabha's Pure Land of Paradise)였다. 백련사 스님들이 천불천탑을 조성한 목적은 지난 50여 년간 전쟁에 시달린 남도 백성들의 눈물을 씻어주고 신도들의 극락왕생 믿음을 북돋아주기 위해서였을 것이다. 남도지방의 신도들은 임종 후 극락왕생을 소원했지만, 극락이 어떻게 생겼는지 상상조차 할 수 없어 무척 답답해했었다.

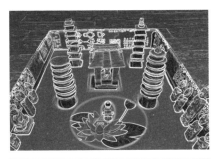

그림 87. (위) 필자가 찰흙으로 빚은 천불천탑 중배관. 천불천탑은 14세기 초에 건립된 세계 최초 대지미술 작품으로 작품의 주제는 정토왕생이다.
(아래) 도시(city)라는 제목의 현대 대지미술 작품. 1960년대 현대 대지미술의 창시자 가운데 한명인 미국의 마이클 하이저(Michael Heizer)가 50여 년에 걸쳐 네바다 사막에 세운 것으로 2022년에 완성되었다.

천불천탑은 그 자체만으로는 완성된 극락이 아니다. 아미타 극락정토의 완성은 관람자가 극락왕생자가 되어 아미타불에게 합장하면서 지은 죄를 참회하고 나무아미타불을 외치며 극락왕생을 소원할 때 비로소 이루어진다. 대자연에 조성된 천불천탑에 인간과 정토왕생 신앙심이 더해졌을 때 〈관경16관변상도〉라는 그림이 완성되기 때문에 천불천탑은 세계 최초 대지미술(大地美術·Land Art) 작품이라 불러도 손색이 없다. 설치미술의 하나인 대지미술이 1960년대 땅덩어리가 넓은 미국에서 탄생한 것으로 알려졌지만, 사실은 14세기 초 고려에서 맨 처음 시작되었던 것이다. 정말 놀라운 사실이 아닐 수 없다! 고려 역사를 통틀어서 가장 힘들었던 시절인 13세기 말-14세기 초에, 천불천탑과 같은 엄청난 공력이 드는 거대 대지작품을 만들 수 있었던 힘은 오로지 임종 후 극락왕생을 갈망한 고려인의 깊은 불심이었다.

천불천탑에는 극락 연못이 있어야 한다

운주사 주차장으로 가는 길에 조금 못 미쳐 화순군립 천불천탑사진문화관이 있다. 2017년에 개관한 이곳은 원래 불교문화관으로 명칭을 정하고 건설을 시작했지만 완공 즈음에 사진문화관으로 명칭을 바꾸고 현재는 사진작가의 사진전을 개최하고 있다. 운주사 천불천탑의 수수께끼가 전혀 풀리지 않았던 과거에는 불교문화원을 지어놓아도 보여줄 만한 전시물이 마땅치 않았을 것 같다. 그러나 이 책에서 완벽히 밝혀낸 것처럼, 천불천탑은 세계 최대, 세계 유일 3차원 관경16관변상도이자 세계 최초 대지미술 작품이다. 천불천탑은 키질석굴과 둔황석굴을 장식한 불교미술의 맥을 이은 것으로, 불교미술관으로 일컫는 둔황석굴의 극락화가 전혀 부럽지 않은 3차원 극락정토화이다. 천불천탑은 고려의 극락정토화인 〈관경16관변상도〉를 운주골 대자연에 재현한 것이기 때문에, 천불천탑 공간의 상배관, 중배관, 하배관 구역에는 극락왕생자가 태어나는 극락 연못이 반드시 있었을 것 같다. 왜냐하면 왕생자가 태어나는 극락 연못이 아미타불의 극락정토에 없다는 것은 '오아시스 없는 사막'이나 마찬가지이기 때문이다. 극락 연못에는 하얀 연꽃이 가득하고 잉어가 유유히 헤엄치며 새들도 날아들었을 것이다. 관람자는 이 연못의 하얀 연꽃 너머에 있는 아미타불을 바라보며 두 손 모아 합장하면서 극락왕생을 기원하지 않았을까?

메타버스 기술은 고려 천불천탑을 온전히 되살릴 수 있다

그래서 필자가 만약 화순군수라면, 이 사진문화관을 천불천탑체험관으로 바꾸고 관람자가 700년 전 고려시대로 돌아가서 14세기 초 건립 당시의 천불천탑을 온전히 경험할 수 있도록 해주고 싶다. 그 방법은 바로 메타버스(Metaverse)[13] 기술을 이용하는 것이다. 관람자는 고려시대의 왕생자로 빙의하여 천불천탑 중배관 연못의 연꽃에서 태어난다. 조금 있다가 휘황한 광채를 발산하는 아미타불이 정면에 보이고, 그의 어깨 뒤로 극락의 칠보 궁전이 장엄하게 펼쳐진다. 궁전에 운집한 수많은 보살과 비구가 왕생자를 환영하고, 천인들은 천상의 음악을 연주하고 춤을 춘다. 메타버스 기술을 활용하면 왕생자로 빙의된 관람자가 고려시대 천불천탑의 진면목을 충분히 체감할 수 있게 도와줄 수 있다. 또한 북인도-서역-중국-한반도로 이어지는 붓다로드에서 정토신앙 탄생의 역사를 추적해 본다든지 나라별, 시대별 정토신앙을 비교해 볼 수도 있겠고, 이를 바탕으로 해서 14세기 초에 절정에 달한 고려불교의 정토신앙을 새롭게 살펴볼 수도 있을 것이다. 아무쪼록 천불천탑의 참모습이 세상에 널리 알려져 천불천탑 입구에 있는 사진문화관이 진정한 천불천탑 홍보전시관이자 불교를 매개로 한 실크로드연구원으로 거듭나길 기대해 본다.

---

13) 메타버스(Metaverse): 가상, 초월을 의미하는 'Meta'와 세계를 의미하는 'Universe'의 합성어로 현실 세계와 유사한 사회·문화·경제 활동이 이뤄지는 가상세계를 의미한다.

천불천탑은 아미타불의
극락정토였네

수십 년간 전쟁의 참화를 겪은 고려인들은 목숨이 다할 때 고통이 없는
청정한 극락정토에 태어나기를 간절히 바랐다. 신도들의 극락왕생 믿음을
북돋기 위해 백련사 스님들은 화순 운주골에 천불천탑을 세워 아미타불의
서방정토를 만들었다.

누구라도 천불천탑 공간에 들어서면
아미타여래의 극락정토에 왕생한 것이라네.
아미타여래께서 석조불감에 나투어
극락 왕생자를 맞이하면
수많은 화신불, 보살, 비구가 두 손 모아 합장하며
왕생자를 환영한다네.

관무량수경 제14관(상품상생) 변상도(부분, 조선 1853년, 동국대 소장) ▶

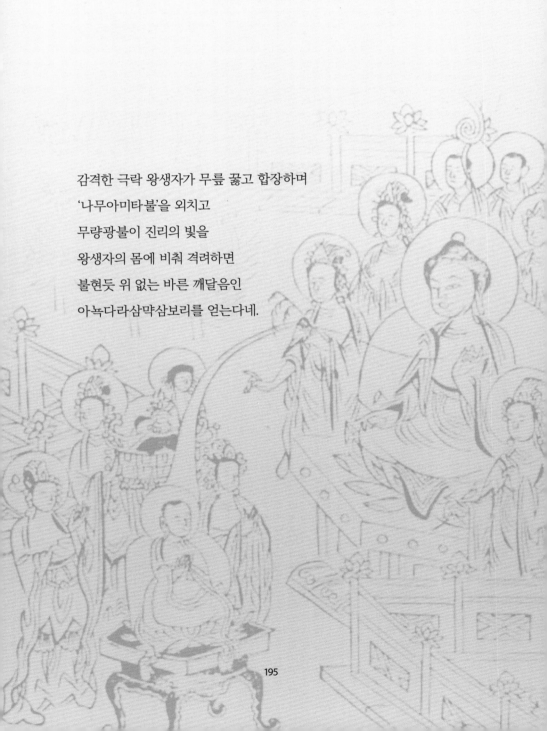

감격한 극락 왕생자가 무릎 꿇고 합장하며
'나무아미타불'을 외치고
무량광불이 진리의 빛을
왕생자의 몸에 비춰 격려하면
불현듯 위 없는 바른 깨달음인
아뇩다라삼먁삼보리를 얻는다네.

195

정말 우연한 기회에 천불천탑의 기하문양을 접하고 이것만 재미 삼아 풀어보자고 시작했던 일이 천불천탑의 참모습을 밝히게 될 줄은 꿈에서조차 생각지 못한 일이었다. 수수께끼를 푸는 과정은 마치 추리소설의 탐정이 사건을 해결해 나가는 것과 비슷했다. 즉 어딘가에 숨어 있는 단서를 하나씩 찾아내어 퍼즐 맞추듯 맞춰가며 의미 파악에 집중하다 보면 어느 순간 맥락이 짚이면서 조형물의 상징성이 파악되었다. 이런 식으로 천불천탑의 10가지 수수께끼를 약 3개월에 걸쳐 모두 풀었지만, 수수께끼 풀기에 참고했던 자료가 없었다면 불가능했을 것이다. 어떤 학문 분야이든지 응용연구가 꽃을 피우려면 기초연구가 탄탄히 뒷받침되어야 한다는 것을 새삼 느끼게 된다. 이 자리를 빌려 고려시대 불교 사상이나 미술과 관련하여 논문을 발표하거나 책을 펴낸 수많은 인문학 연구자들께 감사드린다.

세상에 알려진 것과 달리 천불천탑은 사찰이 아니라 그림이었다. 천불천탑은 정토신앙이 절정에 달한 고려 후기(14세기 초)에 백련사 스님이 개경으로부터 재정 지원을 받아 운주골에 조성한 아미타불의 극락정토였으며 건설의 설계도는 서복사장 〈관경16관변상도〉였다. 고려 후기(13세기)는 50여 년간 전쟁이 끊이질 않았기 때문에 일반 백성들의 삶은 무척 팍팍했을 것이다. 전쟁이 남긴 깊은 상처로 인해 고통에 시달렸던 남도 백성들은 이승에서 삶을 마감했을 때 아미타불의 장엄한 극락정토에 태어나길 갈망하였고, 백련사 스님들은 신도들의 정토왕생 믿음을 북돋아주기 위해 운주골에 아미타 극락정토를 조성했던 것으로 짐작된다.

천불천탑은 세계에서 유일무이한 3차원 극락정토화이다. 둔황석굴에는 무려 154점에 달하는 정토3부경 변상도가 있지만 3차원 극락정토화는 없다. 고려 〈관경16관변상도〉는 현재 4점이 전해지지만 모두 일본 사찰에 보관 중이다. 이런 아쉬움을 단숨에 날려 보낼 수 있는 세계 최대 크기의 3차원 〈관경16관변상도〉가 천불천탑이다. 대자연에 조성된 천불천탑 조형물에 관람자의 신앙심이 더해졌을 때 비로소 작품의 주제인 정토왕생이 성취된다는 면에서 천불천탑은 세계 최초 대지미술 작품이기도 하다. 천불천탑은 공간 전체가 세계에서 유일무이한 3차원 불화이자 세계 최초 대지미술 작품이기 때문에 10만㎡ 공간 전체를 국보로 지정해야 한다.

이 책에서 필자가 제기한 천불천탑에 얽힌 열 가지 수수께끼는 명쾌하게 풀렸지만 사실은 아직 풀지 못한 수수께끼가 두개 남아있다. 그것은 〈관경16관변상도〉의 주제와 직접 관련된 극락 연못의 존재 여부 및 광배석불좌상의 조성 당시의 위치이다. 천불천탑은 아미타불의 서방정토이고, 극락왕생자는 극락 연못의 하얀 연꽃 위에서 태어나기 때문에 천불천탑 공간의 상배관, 중배관, 하배관 정토에는 제각기 극락 연못이 있었을 것으로 짐작된다. 만약 아미타 서방정토에 극락 연못이 없다면 그것은 오아시스 없는 사막이나 다름없을 정도로 극락왕생자가 태어나는 연못은 관경16관변상도에서 매우 중요한 구성 요소이다. 지난 80년대 전남대의 운주사지 발굴조사 때는 천불천탑의 조형원리를 전혀 몰랐기 때문에 극락 연못의 존재를 확인하기 위한 발굴은 시도하지 않았던 것으로 알고 있다. 광배석불좌상은 현재 필자가 주장하는 중배관(중품극락)과 하배관(하품극락)의 경계에 위치해 있어 관경16관변상도의 도상으로 해석하기가 대단히 어렵다. 석불좌상의 생김새와 수인으로 봐서는 아미타불로 보이는데 하배관의 주존불은 관세음보살이기 때문에 아미타불로 추정되는 광배석불좌상은 현재 위치(중배관과 하배관의 경계)가 아닌 중배관 영역의 어딘가에 놓여 있었을 것 같다. 만약 천불천탑 공간을 본격적으로 발굴했을 때 극락 연못의 존재가 확인된다면 이를 감안하여 광배석불좌상의 원래 위치도 다시 추론해 보아야 할 것 같다.

글을 마치면서 바람이 있다면, 세계 최고 수준의 반도체 전문가이지만 한국미술사 분야에서는 비전문가인 필자의 주장을 우리나라 고고미술사학계나 불교미술사학계가 열린 마음으로 적극 검토해 주었으면 하는 것이다. 만약 관련 학계의 검증을 통해서 필자의 주장이 타당한 것으로 입증된다면 천불천탑이 유네스코 세계유산으로 등재되는 것은 예약된 것이나 다름없다고 확신한다. 대한민국의 문화유산 가운데 세계유산으로 등재된 것은 현재 14건이다. 이 가운데 전라남도 유산은 다른 지역의 유산과 연합해서 4건(고인돌 유적, 백제역사유적, 산사, 서원)이 등재되어 있지만 전라남도만의 단독 세계유산은 아직 없다. 만약 천불천탑이 세계유산으로 등재된다면, 이것은 대한민국 국민의 기쁨이자 전라남도 도민들의 큰 자랑거리가 될 것이다.

| 참고 문헌 |

p. 21 〈표 1〉에 요약한 천불천탑의 몇 가지 조형 특징 및 이를 풀이한 주장들의 출처는 다음과 같다.

1. 황호균, 「운주사 자료집성」, 화순군·전남대박물관, 2009.

2. 허일범, 「운주사의 밀교적 상징성에 관한 연구」『천불천탑의 불가사의와 세계유산으로의 탐색』, 화순군·전남대박물관, 2014.

3. 신영훈, 「운주사 불교사원인가」, 『천불천탑의 불가사의와 세계유산으로의 탐색』 화순군·전남대박물관, 2014.

4. 황호균, 「운주사의 역사적 배경과 천불천탑의 제작공정 복원론」『천불천탑의 불가사의와 세계유산으로의 탐색』, 화순군·전남대박물관, 2014.

5. 소재구, 「운주사 탑상의 조성불사」『동원학술대회』, 국립김해박물관(11월 24일), 2001.

6. 김영성, 박종철, 「전남 화순 운주사의 칠성석에 관한 천문학적 조사」《한국천문학회지》, 제10권, pp 109-125, 1995.

7. 김일권, 「화순 운주사 북두칠성 원반석과 산정와불의 고려천문학」《정신문화연구》, 제37권, pp 181-213, 2014.

8. 문갑식, 「문갑식의 주유천하 〈20〉」《월간조선》, 2017.12.

9. 박경식, 「화순 운주사 석탑에 관한 고찰」『박물관기요 5』, 단국대 중앙박물관, pp 5-27, 1989.

10. 최홍, 『천년의 비밀 운주사』, 바보새, 2009.

고려 관경16관변상도의 도상을 이용하여 천불천탑 공간에 설치된 조형물의 상징성을 해석할 때 참고한 자료는 아래의 두 논문이다. 어떤 학문 분야이든지 기초연구가 탄탄히 뒷받침 되어야 이를 활용하여 여러 가지 좋은 응용연구가 나올 수 있다.

11. 조수연, 「서복사장 고려 관경변상도 연구」, 석사학위논문, 서울: 동국대 대학원, 2004.

12. 유마리, 「1323년 4월 작 관경십육관변상도(일본 린송사장): 관경도의 연구 (III)」, 《문화재》 v28, pp.33-56, 1995.

정토왕생과 관련된 고려 불화(관경16관변상도, 아미타경변상도 등)는 아래 도록을 참고하였다. 천불천탑 조형물의 상징성을 해석할 때 큰 도움이 되었다.

13. 국립중앙박물관, 『대고려: 그 찬란한 도전』, 2018

14. 최순우, 『한국미술: 1 고대. 고려』, 서울: 도산문화사, 1993.

정토3부경(아미타경, 무량수경, 관무량수경)의 내용상 차이를 파악하고, 아미타불의 극락정토 사상을 이해하는데 아래 유튜브 강의가 큰 도움이 되었다.

15. [홍익학당] 윤홍식의 아미타불과 극락정토 강의 시리즈

운주사의 발굴과 천불천탑 조형물의 현황을 파악하는데 아래 자료를 참고하였다.

16. 이태호, 천득염, 황호균, 『운주사』, 서울: 대원사, 2013.

17. 민영순, 「운주사 유물·유적의 명문과 문양 연구」 박사학위논문, 광주: 전남대 대학원, 2019.

18. 화순 운주사지-디지털화순문화대전: http://hwasun.grandculture.net

19. 화순군청-문화관광: https://www.hwasun.go.kr

〈관경16관변상도〉의 소의경전인 〈관무량수경〉은 아래 한글 번역본을 참고하였다.

20. 석청화 역, 『정토삼부경: 무량수경, 관무량수경, 아미타경』, 광주: 불교서원, 2011.

천불천탑의 설계도인 서복사 소장 〈관경16관변상도〉에 담긴 그림의 주제를 이해하고, 정토왕생 신앙운동인 백련결사와 법화경의 관계를 파악하는데 아래 신문 연재 글이 도움이 되었다.

21. 이승희, 「불화로 배우는 불교2. 서복사 관경16관변상도」 〈금강신문〉, 2016.1.29.

22. 이승희, 「불화로 배우는 불교8. 법화경과 정토신앙」 〈금강신문〉, 2016.6.27.

풀지 못한 천불천탑 수수께끼 현황을 파악하는데 아래 신문 연재 글을 참고하였다.

23. 주수완, 「운주사 천불천탑」 〈법보신문〉, 2015.10.27.

24. 황호균, 「황호균의 사찰문화재 바로알기 12. 화순 운주사지: 천불천탑 운주사, 그 탁월한 가치」 〈전남일보〉, 2020.6.18.

25. 황호균, 「황호균의 사찰문화재 바로알기 17. 화순 운주사지: 운주사 석탑 마름모 문양은 금강경과 몽골천막 게르 뼈대 상징」 〈전남일보〉, 2020.9.27.